中国新医改背景下药品价格规制政策效果的实证评估

熊尧 徐程 杨悦 等 著

西南财经大学出版社
Southwestern University of Finance & Economics Press
中国·成都

图书在版编目(CIP)数据

中国新医改背景下药品价格规制政策效果的实证评估/熊尧等著.--成都:西南财经大学出版社,2025.8.
ISBN 978-7-5504-6736-1

Ⅰ.F724.73

中国国家版本馆 CIP 数据核字第 2025VZ8952 号

中国新医改背景下药品价格规制政策效果的实证评估

ZHONGGUO XINYIGAI BEIJINGXIA YAOPIN JIAGE GUIZHI ZHENGCE XIAOGUO DE SHIZHENG PINGGU

熊尧　徐程　杨悦　等著

策划编辑:李晓嵩
责任编辑:段佩佩
责任校对:赵姝婷
封面设计:何东琳设计工作室
责任印制:朱曼丽

出版发行	西南财经大学出版社(四川省成都市光华村街 55 号)
网　　址	http://cbs.swufe.edu.cn
电子邮件	bookcj@swufe.edu.cn
邮政编码	610074
电　　话	028-87353785
照　　排	四川胜翔数码印务设计有限公司
印　　刷	成都金龙印务有限责任公司
成品尺寸	170 mm×240 mm
印　　张	13.5
字　　数	194 千字
版　　次	2025 年 8 月第 1 版
印　　次	2025 年 8 月第 1 次印刷
书　　号	ISBN 978-7-5504-6736-1
定　　价	88.00 元

序言

作为药物经济学和医疗保障政策的研究者，我长期关注中国医改的推进路径。医改是一项系统工程，医疗、医保、医药“三医联动”改革构成其基本框架。而在三者中，药品价格规制扮演着牵一发而动全身的特殊角色。它既是减轻患者药费负担、保障药物可及性的直接手段，也是调整医疗机构运行机制（破除“以药养医”）、引导医药产业创新发展、实现医保基金战略购买功能的关键杠杆。因此，药品价格的治理效能直接关乎医改“保基本、强基层、建机制”目标的实现程度，是观察中国医疗卫生体制改革深化程度与现代化治理能力的重要窗口。

回溯新医改历程，中国在药品价格治理领域进行了前所未有的探索。从早期以政府行政定价为主，到2015年启动药品价格改革，逐步放开绝大部分药品政府定价，探索建立由市场主导的药品价格形成机制；从公立医院改革试点取消药品加成，到医保目录动态调整、医保支付方式改革向价值导向转型；再到国家组织药品集中带量采购制度全面实施并常态化、制度化运行——这一系列政策演进，清晰地勾勒出中国医改试图通过药品领域的改革，撬动整个医疗体系向更加公益、高效、可持续方向发展的战略意图与实践轨迹。这些政策不仅反映了国家对市场机制认识的不断深化，也体现了在复杂利益格局中寻求改革突破的艰辛努力。

然而，政策实施的现实效果如何？它们是否有效降低了患者和医保基金的负担？是否如预期般引导了产业转型升级？医疗机构在取消加成后，其行为模式发生了哪些变化？这些变化对后续改革（如医疗服务价格调整、财政投入机制完善）提出了何种新要求？国家集采政策在带来显著降价效应的同时，又可能对市场结构、创新激励产生哪些潜在影响？这些问题的答案，对于身处改革深水区的我们而言至关重要。它们不仅关乎现有政策的成效评估，更决定着未来改革航向的校准与优化。

正是在这样的时代背景与现实需求下，熊尧博士的《中国新医改背景下药品价格规制政策效果的实证评估》显得尤为重要。这项研究没有停留在理论推演或个别案例的考察，而是将三项具有里程碑意义的药品价格相关政策（取消药品最高限价、取消药品加成、药品国家集中采购）作为研究对象，置于中国医改的整体叙事中进行系统性、全国性的实证评估。其研究方法的严谨性——运用间断时间序列分析、双重差分法等前沿计量经济学工具，深度挖掘多源数据（涵盖宏观行业统计与微观医疗机构运行记录），确保了研究结论的科学性与可靠性。这种基于中国广阔实践大样本的实证研究，能够更清晰地揭示政策作用于复杂系统后产生的溢出效应，捕捉不同主体（药企、医院、医生、患者、医保）的响应逻辑与行为变迁。

通过这项扎实的实证研究，我们得以更深刻地理解中国药品价格治理的内在规律与独特挑战。例如，该研究揭示了价格市场化改革后药品市场的复杂传导机制，呈现了不同层级、不同类型医疗机构在取消药品加成后的多元行为反应，这些对于完善公立医院补偿机制、推动医疗服务价格合理调整具有现实指导意义；该研究对药品国家集中采购政策效果的评估，不仅验证了“以量换价”模式的巨大潜力，也为我们观察集中采购带来的产业冲击与市场重塑提供了多维度的证据，这对于平衡降价目标与产业可持续发展、优化集采策略与规则至关重要。这些研究结果为正在进行的、以构建“价值医疗”为导向的医保支付方式改革（如 DRG/DIP 支付方式推广）提供了重要的决策参考，因为它们清晰地展示了医改如何为后续支付方式改革奠定基础，同时也预示了支付方式改革可能面临的瓶颈与所需的配套措施。

熊尧博士的这部著作，其核心价值在于将中国医改中药品价格这一关键环节的实践置于经济学学科视角下进行审视。它通过严谨的实证分析构建了宝贵的政策“反馈环”：揭示了政策设想的预期效果与实际运行结果之间的差异，呈现了政策实施在复杂系统中所引发的连锁反应和意料之外的结果。这种基于本土大样本的实证证据的深刻洞察，为政府评估既有改革成效、动态优化未来政策路径提供了循证决策基础。同时，这些发现也引发了我们更深层次的思考：如何在未来进一步强化“三医联动”的协同性，特别是在药品价格形成、医疗服务价值体现、医保战略购买功能发挥等环节实现更紧密的衔接？如何构建更加科学、透明、基于药物经济学和价值评估的药品定价与医保支付体系？如何在追求可负担性的同时，为医药产业的原始创新留出足够的激励空间？如何运用好日益积累的医疗、医保、医药大数据，提升政策评估与决策支持的精准化水平，从而不断提升国家健康治理体系和治理能力现代化？

这部著作的出版，恰逢中国医改迈向构建强大公共卫生体系、推动实现全民健康覆盖的关键阶段。它不仅记录了一段重要的改革探索历程，更以其扎实的证据链和深刻的现实关照，为所有关注中国医疗卫生事业发展的人提供了一幅理解药品价格治理复杂性与中国医改深邃逻辑的清晰图景。我深信，这部著作不仅是学术研究的重要积累，也必将在实践中，为致力于健康中国建设的政策制定者和实践者们提供宝贵的启迪与借鉴，推动中国的医药卫生体制改革在探索中不断走向成熟与完善。

吴晶

2025 年 7 月

（吴晶，天津大学医学部药物科学与技术学院教授，党委书记）

前言

如何控制快速增长的医疗费用一直是我国医药卫生体制改革面临的主要挑战，其中药品费用的居高不下更是一大难题。高昂的药品费用构成中国医疗可及性的主要障碍，不仅增加了患者和家庭药品使用的经济负担，而且给医疗保障资金的可持续带来压力。另外，高昂的药品费用也加剧了医药市场和医疗服务过程中的行为扭曲，造成药价虚高及不合理用药等一系列浪费医药资源的行为。药品价格作为药品费用的主要组成部分，也是医药市场资源优化配置的目标之一。

药品价格规制，尤其是价格规制政策通常作为药品规制的主要手段。我国药品价格规制政策并非一成不变，而是随着社会经济环境的发展进行相应的调整：从新中国成立后计划经济时期实施严格的价格管理，到改革开放后实施价格市场化探索，再到20世纪90年代中期再次对药品价格进行规制。2009年深化医药卫生体制改革（以下简称“新医改”）启动，明确提出“建立科学合理的医药价格形成机制”，其中“改革药品价格形成机制”作为重要内容，有助于优化医疗资源配置，以期纠正“以药养医”所带来的医疗服务行为扭曲、减轻居民个人医疗费用负担和提高药品可及性。为此，政府出台了一系列价格规制政策，主要有：取消国家发展改革委原有的药品最高限价规定、废止国家卫生健康委关于药品加成的政策，以及实施国家组织的药品集中带量采购。这些政策一方面弥补了以往政策的不足，减少了其带来的医药价格和使用等方面的负面影响；另一方面，能够探索并落实建立更加科学合理的医药价格机制。本书侧重分析制定和实施上述价格规制政策的制度背景并评价部分政策的实施效果。

我国新医改以来实施的药品价格规制引起广泛关注和讨论，但是国内关于药品价格规制政策的研究主要是定性分析，定量评估价格规制政策实施效果的文献较少。我国药品价格规制政策的实施效果如何等问题有待进一步深入分析和研究。药品作为医疗卫生服务提供的内容之一，不仅与临床疗效密切相关，还受到医疗卫生体系政策及其对多元主体经济行为的调控影响。药品价格规制政策的相关研究也是经济学和医药卫生领域的难点之一。就 2009 年新医改宏观目标而言，减轻居民个人医药费用负担和提高药品可及性的最终目的是改善居民健康状况和提高公众满意度。为了实现前述目标，新医改将建立科学合理的医药价格机制作为主要内容，其中就包括改革药品价格形成机制。价格规制之所以是药品价格形成机制的主要政策工具，是因为价格规制政策通过价格机制来实现资源优化配置。因此，价格规制政策的直接效果在于通过政策实现药品价格或者药品费用的改变，从而减轻居民个人医疗费用负担和提高药品可及性。对于价格规制政策实施效果的评估可以从分析政策对药品价格或药品费用变化产生的影响入手，同时也可以分析政策对与药品价格相关的其他因素变化产生的影响。

本书的研究思路是，基于我国新医改背景下的卫生健康制度框架，首先归纳政府规制理论主要流派作为价格规制的理论基础；其次通过直接价格规制和间接价格规制两种情形下的行为分析提出本书研究假设；再次分别对取消药品最高限价（以下简称“取消限价”）政策、取消药品加成（以下简称“取消加成”）政策及药品国家集中采购（以下简称“国家集采”）政策三项药品价格规制政策的背景和内容进行回顾；最后利用“2013—2017年医药市场统计数据”“2012—2018年四川省医疗卫生机构月度统计数据”和“2018—2019年北京市、浙江省医院药品采购数据”等宏观和微观数据，对三项药品价格规制政策展开政策效果评估的系统实证研究，为规制理论的补充和规制政策的完善提供经验证据。本书主要研究内容及结果如下。

一、通过间断时间序列分析评估取消限价的政策效果

根据取消限价政策文件内容，其政策目标在于实现药品市场价格保持合理水平，也就是说整体药品市场的价格不会因为取消限价政策的实施而出现较大波动。除此之外，药品市场价格的形成是供需双方市场行为共同作用的结果，取消限价政策实施后，医药市场上主体行为的变化也为反映政策效果提供了有效的经验证据。考虑到取消限价政策在全国范围同时实施，缺乏适合的样本对照组，不同样本的比较分析并不适用。本书通过间断时间序列分析方法，研究医药卫生领域宏观价格指数的变化，首先分析了药品消费价格指数的变化，其次分析了医疗保健价格指数的变化。为了评估取消限价政策对于医药供给端的间接影响，本书将医药制造业的宏观运营情况及医药进出口情况也纳入分析。

本书发现，取消限价政策不仅对药品价格产生了影响，通过对医药供给端的医药制药业和医药进出口分析发现，取消限价政策也间接影响了医药供给端。具体而言，在医药制造业方面，政策实施后，西药消费价格变化不显著，中药消费价格短期内上涨0.200%（$p=0.026$）。短期内化学原料药产量增加11.880%（$p=0.013$），而中成药产量减少12.040%（$p=0.004$），政策实施后，化学原料药产

量每月增长相比干预前减少了 1.270%，下降趋势显著（$p<0.001$）。在医药进出口方面，短期内，医药进出口量及出口额均显著下降，进口价格增加 21.180%（$p=0.003$）；进口额变化不显著，出口额下降 6.430%（$p=0.085$）；政策实施后，进口量呈现增长 1.130%的趋势（$p=0.010$）。

二、通过双重差分法分析评估取消加成的政策效果

根据四川省两次取消加成政策的文件内容，取消加成意味着医院不再将药品费用作为主要收入来源，同时为了减少药品费用降低的损失，对医疗服务价格进行调整，以保证合理的医疗服务费用，进而实现医院的收支平衡。除此之外，公立医疗机构取消加成政策由试点到全面推广，不仅实施时间存在差异，其实施地域范围也存在差异。本书选择四川作为研究对象，通过双重差分法分别对不同类型公立医院的两次取消加成政策实施效果进行了分析。首先比较了县级市属和县属综合医院（以下简称“县级公立医院”）以及省属和地级市属综合医院（以下简称“城市公立医院”）在取消加成政策实施前后费用结构及医疗服务利用的差异，其次比较了城市公立医院和城市非公立医院的费用结构及医疗服务利用的差异。

本书发现，取消加成政策实施后，无论县级公立医院还是城市公立医院，其药品费用均降低，其政策溢出效应也影响到了非药品费用的变化，但都对医疗服务利用没有影响。具体而言，县级公立医院取消加成政策实施后，住院人均药品费用降低 9.480%（$p<0.001$）；城市公立医院取消加成政策实施后，门诊和住院的次均药品费用分别降低 8.490%（$p<0.001$）和 1.460%（$p<0.001$）。无论县级公立医院还是城市公立医院，取消加成政策实施后，对医疗服务量（总诊疗人次数和出院人数）均无显著影响。结果表明，公立医院在实施取消加成政策后通过增加非药品的医疗服务的费用，部

分抵消了由于药品收入降低带来的收入减少的影响。

三、通过双重差分法分析评估国家集中采购的政策效果

国家集采通过实现买方采购的规模效应，在降低药品采购价格的同时也保证采购量得到执行。尽管国家集采已经实施到第十批，无论是药品品种及实施地域都有了大幅的增加，但是运用大样本经验数据来评估国家带量采购的政策效果的实证研究非常少。本书基于公立医院药品采购数据，选择首轮试点直辖市——北京市作为干预组，选择地理距离相隔较远且与北京经济发展差异不大的浙江省作为对照组，通过双重差分法对公立医院的国家集采实施效果进行了分析。首先分析了中选品种在两组之间的采购情况差异，其次将政策对非中选品种的采购情况产生的影响作为溢出效应进行了分析。

本书发现，国家集采显著改变了中选品规的采购价格和数量，但对采购金额影响不大。具体而言，试点地区公立医院对中选药品的采购数量相比非试点地区公立医院显著增加了93.400%（$p<0.001$），采购价格显著降低，采购金额的变化并不显著；另外，政策对非中选品规也有影响，特别是对通用名相同的品种影响程度最大，采购数量减少98.300%（$p<0.001$），采购金额下降104.100%（$p<0.001$）。对于具体中选品规而言，降价幅度越大，采购数量越多，基本实现国家集采政策“以量换价”初衷；非中选品规的变化相近但仍然存在差别；中选品种其他品规变化基本与中选品规一致，采购价格显著下降，采购数量显著增加，采购金额变化不显著；通用名相同品种，无论采购数量还是价格，变化幅度都最大，可能与替代程度有关；不同医院中选品规采购变化情况不一致。

结合前述分析和结论，本书对于未来完善药品价格规制的政策建议主要包括以下三点：首先，对于决策部门而言，应及时对政策进行评估，不仅关注政策对目标对象的影响，也关注政策的溢出效

应。其次，在未来可以根据规制环境和规制主体的变化，通过更加丰富的药品价格规制政策工具来对不同类型药品进行更科学和更精细化的价格规制。最后，尽管价格规制只是医改政策工具之一，但其政策逻辑应以患者为中心，从制度调整着手，建立无道德风险的科学的制度环境，以更好实现改善居民健康的宏观目标。

总之，本书通过评估新医改背景下的三项药品价格规制的政策效果发现，尽管价格规制会在一定程度上影响药品价格/药品费用，但是也会通过溢出效应对非政策目标产生影响。本书有助于政策制定者及时调整和完善相关药品价格规制政策，同时也有助于系统全面地考察政策效果。未来还需要进行更深入的研究和评估，针对医疗机构合理用药等问题开展研究，分析和探讨药品价格规制政策对仿制药替代、供给诱导需求和医药企业市场策略等的影响，探索建立科学合理的药品价格形成机制。

本书有以下三点创新：第一，将医药企业行为纳入完全市场竞争下的行为决策模型分析，补充了药品价格规制对医药市场影响的理论。第二，回顾了新医改以来在医保支付方式改革背景下的三项主要价格规制政策的发展历程及其政策启示，有助于对现行药品价格规制政策逻辑的理解和解释，并为未来价格规制的进一步完善提供思路。第三，通过计量经济学方法选择对应数据，分别对三项价格规制政策的效果进行了评估，首次对取消限价政策进行了定量研究，补充了取消加成政策省级层面评估和国家集采在不同地区实施对比效果的定量研究，为政策进一步完善提供经验证据。

熊尧

2025 年 5 月

目录

1 绪论

1.1 研究背景

2009年新医改启动，明确提出“建立科学合理的医药价格形成机制”，其中“改革药品价格形成机制”作为重要内容，有助于建立科学合理的医药价格形成机制和优化医疗资源配置效率，以期打破“以药养医”所带来的医疗服务行为扭曲、减轻居民个人医疗费用负担和提高药品可及性。根据国家卫生健康委项目监管中心2021年7月发布的《药品价格形成机制及供应保障研究报告》，药品价格形成机制是指在药品价格形成过程中，政策、市场等因素对药品价格形成产生的作用及作用方式。根据这个定义，药品价格规制作为主要政策工具，与药品价格形成机制直接相关，对药品价格规制的政策效果评估，不仅有利于跟踪规制政策的执行效果，也有助于根据执行效果来调整和完善规制政策。

药品与健康息息相关，药品可及性影响着健康，而药品价格又直接影响药品可及性。2016年由中共中央和国务院联合发布的《“健康中国2030”规划纲要》将“以提高人民健康水平为核心”放在了显著位置。在2017年10月党的十九大会议上，习近平总书记对“实施健康中国战略”和“人民健康是民族昌盛和国家富强的重要标志”两项内容做了更加具体和细致的表述。Sen（1999）在其著作中明确指出，健康是使人类生活体现价值的基本潜能之一，它既可以作为发展的实现目标，也可以是发展的实现手段[1]。国民健康的保持和维系离不开医药卫生资源，其中，药物在医药卫生资源中占据了重要地位。随着中国经济的发展，加上越来越严峻的老龄化趋势，国民对医疗卫生需求的增加日益凸显药物的稀缺性。世界卫生组织（World Health Organization，WHO）于《2010年世界卫生统计》报告中指出，卫生系统存在着大量的资金浪费，这种浪费来源于医疗资源配置低效率甚至负效率。基于此，我国医疗资源的配置效率还存在很大的提升空间，而药品作为医疗资源的重要组成部分，也需进行配置优化，因此药品价格自然也成为研究需要关注的重点内容之一。

作为一种特殊商品，药品是一种有别于普通商品的复杂的产品，这是因为即使在同一治疗领域内有着相同活性成分，并且在适应症方面有许多相似，但是大多数药品也会因为规格和包装存在不同效力，从而导致具有相同活性成分的药品价格很难找到统一计量标准来进行比较。影响患者的疾病负担的主要因素是医药费用，医药费用的构成除了医疗服务费用外就是药品费用。药品费用的影响因素有很多，从一般的费用公式来看，其主要受价格和数量的影响，也就是药品价格、药品使用量等。价格规制政策通过价格机制来实现资源优化配置，价格规制政策的直接效果在于通过政策实现药品价格或者药品费用的改变，从而减轻居民个人医疗费用负担和提高药品可及性。

医药市场存在市场失灵状况，难以通过价格信号实现医药资源的最优化配置。主要原因有以下三点：第一，医疗市场准入门槛较高。政府出于对患者的安全和健康的考虑，会采取各种措施来对医药企业进行严格规制。政府规定药企研发的原研药要经过严格的审评才能进入市场①，从而尽可能避免其可能对公众健康带来的损害。由于药品研发阶段总体投入成

---

① 根据国家药品监督管理局的定义：专利药，即在全球最先提出申请，并获得专利保护的药品，一般有20年的保护期，其他企业不得仿制；原研药，即过了专利期的、由原生产商生产的药品；仿制药，即专利药过了保护期，其他企业均可仿制的药品。资料来源：国家药品监督管理局网站 https://www.nmpa.gov.cn/xxgk/kpzhsh/kpzhshyp/20171024171601233.html。

本较高，在专利公开后容易被仿制，所以政府在立法上对专利权进行保护，让拥有专利权的厂家生产的药品供应市场得到阶段性独占保护，因而原研药生产企业的利益也就得到了很好的保护。但是，如果专利权带来的准入门槛导致市场上没有竞争者，并且在疗效上没有同类替代药品，药企就会通过价格歧视获得垄断利润。第二，供给诱导需求。医药市场还具有信息不完全和信息不对称的市场特征。通常情况下，患者在医院的医疗过程中对医疗信息所知甚少，但医生却掌握较多的患者医疗药品信息。因此，在医疗卫生领域，由于医患双方之间存在信息不对称，患者与传统消费者不一样，在面对专业水平高的医药产品或者医疗服务选择时，通常会听从医生的建议，从而形成一种特殊的委托代理关系，其中患者是委托人，医生是代理人。信息不对称使患者对治疗方案的选择受到医生的影响。如果医生是患者的完美代理人，医生对治疗方案的选择完全体现患者对治疗方案的需要，此时医生与患者的利益诉求一致；但是，当医患双方在利益方面存在冲突时，医生会更加注重自身利益而不是患者利益，造成道德风险行为，以回扣引诱患者买药。第三，医疗保险第三方支付的道德风险。药品是关系到公众生命健康的特殊必需品，为了保障公众公平地获得基本医疗服务，大多数国家提供了覆盖全民的社会医疗保险计划。在医疗保险中，第三方指的是保险公司和政府。如果存在第三方支付，就会滋生相应的道德风险，因为医生和患者不会主动控制医疗费用。如果患者在治疗方案选择中无需负担大部分医疗费用，为了实现自身效用最大化，会优先选择高价治疗方案。此时，医疗保险第三方支付的药品将会产生医生（患者代理人）道德风险行为，引导需求方使用价格高昂药品，从而促使药品整体价格水平的上涨。

自 1978 年改革开放到 2009 年开始实施新医改期间，主要有三类药品价格规制政策：第一类是药品价格调整政策，其出台的背景是市场改革初期放开价格，但强制市场降价没有充分考虑“以药养医”的机构行为。第二类是主要针对公立医疗机构出售给患者的药品销售的顺加作价（即药品加成）政策和降低药品采购价格的地方集中采购政策。这些价格规制政策的主要特征是其施行对象为药品的实际销售方/购买方：比如价格调整政策的对象主要是药品生产商，药品价格内容与药品零售价和出厂价有关；由于医药市场中医疗机构在身份上还存在特殊性——医疗机构作为患者代理人，既是药品的购买方又是药品的销售方，因此药品加成和集中采购的对象主要是医疗机构，药品价格内容主要与药品销售价格（即药品费用）和药品采购价格有关。WHO 在《国家药品定价政策指南》（*Guideline on Country Pharmaceutical Pricing Policies*，2015 年版）中提到十项药品价格形成机制的相关政策，其中同样包含加成政策和集中采购。为了更好地了解加成政策和集中采购政策，本书从政策定义、政策原理和政策内容三个方面对加成政策和集中采购政策进行介绍，见表 1-1。药品加成政策通过对药品供应链部分环节上的药品价格进行规制以降低药品价格。药品价格在药品供应链中受到许多因素的影响，如生产企业的出厂价格、流通过程中的批发和零售加价以及延伸到医院和药店终端的销售价格。加成政策在 WHO 这份报告中包含了最高价格限制（又称价格上限）和药品价格加成。集中采购主要通过汇总买方需求以加强购买力从而实现更低的价格。

表 1-1　WHO《国家药品定价政策指南》中关于加成政策与集中采购的内容

政策内涵	加成政策	集中采购
政策定义	加成是指适用于商品价格的额外费用和成本，包含管理费用、分销费用和利润。在药品供应链的背景下，加成政策涉及对批发和零售加价以及药品费用的规制	集中采购是指将各个采购部门整合形成一个单一的采购实体，代表各个采购部门采购医药产品（如药品）
政策原理	加成政策通过明确的定价规则，减少药品供应链的价格变化。提高价格透明度，为药品费用管理提供可预测性	集中采购是为了通过规模经济和范围经济创造更大的购买力，通过集中采购可以简化采购程序来提高采购效率

表1-1(续)

政策内涵	加成政策	集中采购
政策内容	在药品供应链的任何环节规定固定水平或百分比的加价（如在出厂价水平上加价等）。也可以在供应链的任何环节设置最高价格或指导价格，也被称为价格上限或最高价格限制	原则上有四种集中采购模式，反映了不同程度的采购合作和采购资源整合：①通过价格联动和供应商信息共享进行集中采购；②通过联合市场研究进行集中采购；③通过联合谈判进行集中签约和采购；④通过既定的采购代理组织（如 GPO）进行集中签约和采购

注：如果价格加成或者价格限制与成本和利润的预期密切相关，加成政策可能会提高药品市场资源配置效率，并激励部分药品（如产量较低的品种）的供应。GPO 全称为 Group Purchasing Organization，意为集团采购组织。

资料来源：根据 WHO《国家药品定价政策指南》（2015 年版）整理。

我国自 1978 年改革开放以来陆续出台了多项规制政策用于控制药品费用增长过快，其中，控制药品价格是主要规制措施之一。1997 年 10 月至 2012 年 5 月期间，我国共实施 30 次最高零售价调整和部分药品单独定价方案，涵盖 2 000 多种化学药品和 900 多种中成药[2]。但是，各种控制药价政策实施之后，药品价格并未下降，甚至出现“越降价越贵”、停药断供等恶性循环。国家发展改革委等七部委 2015 年发布价格改革文件，为了建立新的药品价格管理体系，放开了绝大多数药品价格上限[3]。中共中央和国务院 2015 年 10 月发布了价格改革的顶层设计文件，将价格机制作为市场机制的核心，并且为了让市场在资源配置中起决定性作用，文件强调了让市场决定价格，进一步地，在深化价格改革的相关内容中将“理顺医疗服务价格”作为未来实施的重点内容之一。随后，国家发展改革委于 2017 年 11 月进一步发布价格深化改革文件，对涉及公用事业和公共服务的价格改革方面做出了完善价格机制的要求，其中包含医药领域的价格调整。根据近几年政府价格（机制）改革的意见/政策，其核心逻辑在于通过价格机制引导资源配置，药品实际交易价格主要由市场竞争形成。除了对医药市场方面的药品价格进行最高零售限价和最高出厂限价以外，我国也对医院销售的药品价格进行了规制，主要表现在出厂价的顺加作价和采购价格方面。公立医院可以通过药品销售来获得药品收入，而药品收入是公立医院收入的三个主要渠道之一，其他两个收入渠道分别是医疗服务费用和政府财政补助[4]。在 20 世纪 70 年代末至 80 年代初的市场经济改革时期，政府减少了在卫生健康筹资方面的干预，并鼓励公立医院获取自身利润[5]。政府财政补助占卫生总收入的比例从 20 世纪 80 年代的 60%急剧下降到 2009 年的 11%，为了弥补政府资金减少带来的缺口，公立医院更加依赖医院处方药的收入，其加价幅度为 15%[6]。由于奖金制度是医院根据医生开出药物的货币价值来对其进行奖励，因此医生可能有强烈的个人经济动机来过度开药，在某些公立医院，药品的实际加价幅度高达 42%，到 2000 年初期，药品销售额已占医院总收入的 40%以上[7]。在 2009 年新医改前，公立医院通过药品销售加价 15%来对基本卫生服务的损失进行交叉补贴，这些损失的数额远低于其成本，从而保持了医疗机构财务指标方面的可行性。2009 年的新医改实施了药品取消加成政策，旨在取消公立医院药品销售的利润空间，缓解“以药养医”带来的行为扭曲。由于药品销售收入是医院收入的重要来源，因此如何避免政策实施后的经济损失是重要的问题。为了实现取消 15%加价的同时也能弥补收入损失，医疗服务项目价格改革也同步推进，以进一步提高需要劳动力投入的医疗服务价格（例如检查、手术、护理和诊断服务等），并增加了政府财政补助，于 2017 年实现所有城市公立医院取消加成（中药饮片除外）。自 2009 年新医改以来，不管是门诊服务还是住院服务，公立医院的药品费用占医药费用的比重（以下简称“药占比”）呈现明显的下降趋势，其中，县级公立医院门诊药占比在 2014 年以前高于城市公立医院，而城市公立医院的住院药占比在 2017 年以后快速下降，见图 1-1。

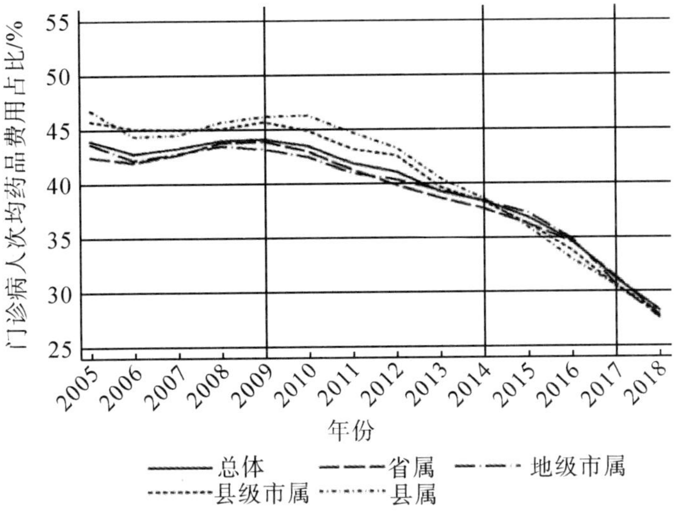

(a) 门诊次均药品费用占比

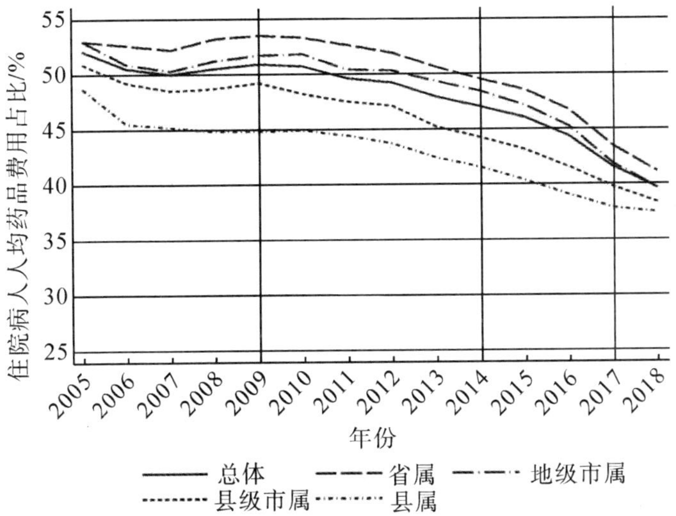

(b) 住院次均药品费用占比

图 1-1 公立医院次均药品费用占比的变化趋势（2005—2018 年）

数据来源：根据《中国卫生健康统计年鉴》整理。

一方面，医药市场的特殊性（比如信息不对称导致的逆向选择）和“以药养医”问题加剧了药品价格上涨和过度使用，进而推高了药品费用和医疗费用，增加了药品价格规制的难度；另一方面，中国药品价格规制的复杂性决定了单一政策难以解决药品价格过快上涨和医疗费用过高的问题。随着中国经济社会的快速发展和新医改的深入推进，为应对上述问题，改革药品价格形成机制，政府出台了一系列规制政策（如取消限价、药品加成和国家集采），以减少以往政策的负面影响，建立更加科学合理的医药价格机制。因此，为什么实施这三项价格规制政策及其效果评价，成为需要深入研究的问题。

1.2 研究目的和意义

1.2.1 研究目的

在推进“健康中国2030”战略以及深化医疗改革的背景下，我国医疗费用过快增长引发的“看病贵”问题长期受到广泛关注。自2009年新医改以来，我国针对药品采取了多项价格规制政策，如取消限价①、取消加成、国家集采。然而，由于影响药品价格的因素具有复杂性，不同的规制政策具有不同的政策目标和政策对象，如果仅针对某一药品价格进行调整，可能会引起其他药品价格以及医疗产品和服务价格的变化，从而在一定程度上抵消其他药品价格规制的效果，这就为评估政策效果带来了挑战。本书旨在分析上述三项药品价格规制政策的制度背景，并评估其实施效果。

1.2.2 研究意义

我国于2009年开始实施新医改，而新医改的主要内容之一就包括改革药品价格形成机制[8]。药品关系到患者的健康水平，而药品价格影响药品的可及性及可负担性，对构建健康社会及实现“健康中国”具有重要意

① 取消限价又称最高限价、价格上限、政府定价、政府指导价等。

义。由于我国药占比始终维持在较高水平，在短期内药品数量难以出现较大波动的情况下，对药品费用的控制有利于降低整个社会的医药费用负担，通过价格规制政策对药品价格的影响，能够进一步调节医药总费用负担和改善社会福利。结合研究背景中所介绍的客观事实及我国医药市场中已实施的价格规制政策，本书利用医药市场的宏观和微观数据，通过计量经济学分析政策对不同药品价格规制的效果。这一研究对理解药品价格规制政策效果、了解其政策逻辑以及理顺国内药品价格形成机制等具有重要学术价值与意义。

药品价格机制是药品市场的核心问题，理顺价格机制对促进我国药品市场健康发展具有重要意义。药品价格规制作为药品价格形成机制的主要政策工具，其效果评估不仅需要考虑原先规制目标，也要考虑价格变化对医药市场主体行为变化的影响。通过对不同药品价格规制效果的系统性评估，可以为未来药品价格规制的优化提供参考依据，对推动未来国内医药价格机制改革具有重要意义。

对药品价格规制政策的实证评估在当前学术研究中因为研究分析框架的不同尚未形成共识，除了不同国家、不同时期的药品价格规制实施效果存在差异外，即使在同一国家、同一时期的不同价格规制政策或者不同时期的同一价格规制政策的实施效果也存在差异。本书的创新性在于尝试对政府规制理论的主要流派进行归纳，以作为分析价格规制政策的理论基础，然后通过对直接价格规制和间接价格规制两种情形下的行为分析提出研究假设，以作为药品价格规制政策实证评估的分析框架。本书有助于梳理价格规制研究的理论基础，完善对价格规制政策实证评估的研究思路。

随着中国经济社会的发展，国内医药市场发展虽然取得了长足进步，但在不同阶段也面临不同问题。在解决这些问题的政策工具中，价格规制发挥了重要作用。然而，医药市场的复杂性也导致了药品价格规制政策的复杂性。因而对价格规制政策的梳理不仅有助于了解价格规制的政策逻辑，还有助于指导对药品价格规制政策效果评估时的实证策略选择，能够为提高我国政府对药品价格的监管效率提供比较研究的视角。

1.3 主要研究内容和研究思路

就2009年新医改的宏观目标而言，减轻居民个人医药费用负担和提高药品可及性最终是为了改善居民健康，提高居民的财务风险防范能力和公众满意度。为了实现前述目标，新医改将建立科学合理的医药价格机制作为主要内容之一，其中就包括改革药品价格形成机制。价格规制之所以是药品价格形成机制的主要政策工具，是因为价格规制政策通过价格机制来实现资源优化配置。因此，价格规制政策的直接效果在于通过政策调节药品价格或者药品费用，减轻居民个人医疗费用负担，提高药品可及性。对于价格规制政策实施效果的评估可以从药品价格或药品费用的变化入手，同时分析政策对与药品价格相关的其他因素的影响。

1.3.1 主要研究内容

我国新医改以来实施的药品价格规制政策引起了广泛关注和讨论，但是国内关于药品价格规制政策的研究主要基于定性分析，定量地考察价格规制政策实施效果的文献较少。我国药品价格规制政策是否达到既定政策目标？对不同类型药品的政策效果如何？这些问题有待深入分析和研究。

自2009年新医改以来，我国陆续出台多项药品价格规制政策，这些政策都与以往政策有关。其中，2015年实施的取消限价政策针对的是20世纪90年代中期以来国家发展改革委对药品价格的频繁调整；2017年全面实行的取消加成政策主要针对的是计划经济以来，特别是减少对公立医院财政补贴后的药品顺加作价的加成政策；2018年实施的国家集采政策针对的是此前以省市为单位的省级集中采购，旨在解决其量价不挂钩问题。这三项药品价格规制政策主要围绕药品生产商和医疗机构展开，然而，通过对三项政策的溯源可以发现：取消限价政策主要是针对最高零售价和最高出厂价，本质上更接近基于成本加成的投资回报率规制；取消加成政策与其类似，但是其对象是医疗机构，这两项政策都是直接价格规制；而国家集采政策从最初医疗机构自行分散采购，到由省市级采购平台集中采购，再到由国家医保局主导进行，在这个过程中逐渐强化买方（需求方）力量，以期形成采购的规模效应。虽然不同药品价格主体之间的药品价格不同①，但是在分析药品价格的规制政策的时候可以通过选择不同的指标来对这些政策进行系统性分析。为了评估这三项药品价格规制政策的实施效果，本书结合相关理论和文献，基于数据的可得性和准确性，根据政策目标及对象确定研究目标和分析指标：通过价格指数评估药品整体价格变化；在分析价格规制政策对非政策目标的影响时考虑医药市场上医药供给方（如医药厂商、医药进出口商）的行为变化；探讨价格规制政策在不同类型公立医疗机构（如县级、城市医院）引起的医疗费用结构的变化是否存在差异；对公立医院集中采购情况变化进行分析时，关注中选药品的量价变化是否符合国家集采政策预期的“以量换价”，以及非国家集采政策目标的非中选品种的采购会如何变化。

本书主要研究内容如下：

第一，药品价格规制的理论归纳及研究假设提出。政府规制理论表明，规制主要是指政府对自然垄断产业的价格进行干预，以保障消费者和社会福利，实现社会资源配置优化。然而，我国目前药品市场集中度较低，在结构上具有一定竞争性，所以药品领域并不属于自然垄断产业。那么政府规制药品价格的理论依据是什么？如何通过对医疗机构和医药企业的行为分析去理解规制政策对相关主体行为的影响？

第二，新医改以来主要价格规制政策的总结和回顾。对新医改以来药品价格规制的政策背景、政策目标及政策内容进行梳理，以更好地理解药

① 不同主体之间的药品价格在称呼上存在不同。比如，医院向药企采购药品，此时的药品价格为采购价格；患者向医院、药企（药店）购买药品，此时的药品价格分别为销售价格和零售价格。药品价格规制的具体调整对象并非广泛意义上的药品价格，而是具体主体之间的药品价格。

品价格规制的发展逻辑，并据此为后续的实证分析提供制度背景，进而分别根据实证分析结果，再结合相应价格规制政策的目标及内容进行讨论。

第三，主要药品价格规制政策效果的实证评估。根据规制理论及国内外有关药品价格规制效果分析的主要研究成果，本书通过计量经济学方法对政策效果进行实证分析。首先分析取消限价政策的效果，包括政策实施后的医药价格变化，政策供给端（医药制造业和医药进出口）的影响；其次分析取消加成政策的效果，包括政策实施后县级公立医院和城市公立医院的药品费用及医药费用结构的变化；最后分析国家集采政策的效果，包括政策实施后不同地区的公立医院在政策相关药品的采购价格、采购数量及采购金额的变化上存在的差异。该部分具体内容如下：

取消限价政策对医药市场影响的实证评估包括：①作为政策直接目标的药品价格会如何变化？②包含药品和非药品（医疗服务等）的整体医药价格是否也会受影响？③政策的影响机制，特别是其可能导致的行为变化，包括和药品有替代或者互补关系的医疗服务、医疗器具及保健器具等的价格变化，进口药品数量、金额的变化。④分析医药品进出口量及医药制造业的产出是为了评估供需关系中价格变动对供给的影响，取消药品政府定价政策可能使得药品价格上涨，致使医院和零售商进口有替代作用的药品，如在国内整体产量短期不变的情况下，相对价格的变动是否会引发进出口的替代。

取消加成政策对公立医院费用结构影响的实证评估包括：当取消加成政策实施后，药品加成收入从公立医院主要补偿渠道消失，这对公立医院的收入是否有影响？具体评估：①作为直接相关的门诊和住院的药品费用会如何变化？②非药品的医疗服务（如检查、治疗等）项目的费用是否也产生变化？③考虑到不同类型医院接诊患者存在较大异质性，县级公立医院和城市公立医院是否在医药费用结构变化方面存在区别？

国家集采政策对公立医院药品采购影响的实证评估包括：①政策明确规定了采购合同必须保证按照中标价格（采购价格）来采购特定数量的中

选品规药品，实际执行过程中，这两项的变化是否符合预期？②当价格和数量变化不一致时，中选品规的药品采购金额会如何变化？③考虑到国家集采政策对中选品规的采购价格和采购数量进行了事先约定，除了检验中选品规的采购情况变化外，政策未涉及的非中选品规仍然可能受到影响，因为非中选品规与中选品规在使用中存在竞争或替代关系，这种间接影响可视为政策的溢出效应，那么这些非中选品种药品在采购价格、采购数量和采购金额方面又会如何变化？

第四，改进和完善药品价格规制的政策建议。通过前述对药品价格规制政策的实证分析结果，在此基础上借鉴药品价格规制的国际经验，结合中国药品市场和医疗卫生体制的特点，从规制政策、医药市场主体两个方面探讨改进和完善中国药品价格规制的政策建议，使得药品价格规制政策的实施更有针对性，提升政策的实施效果。

1.3.2 研究思路

本书基于我国新医改背景下的卫生健康制度框架展开研究。第一，归纳政府规制理论主要流派作为价格规制的理论基础。第二，通过直接价格规制和间接价格规制两种情形下的行为分析提出本文研究假设。第三，分别对取消限价政策、取消加成政策及国家集采三项药品价格规制政策的背景和内容进行梳理后，结合政策评估分析方法，对三项药品价格规制政策的效果评估进行系统性实证研究，为规制理论的补充和规制政策的完善提供经验证据。结合以上研究思路，本书将主要围绕以下内容展开。

第 1 章，前言。主要介绍问题的研究背景、研究思路及大体框架、研究方法、主要研究内容、研究重点和难点以及主要的创新点。

第 2 章，相关概念和理论基础。结合规制经济学和健康经济学，分析药品价格规制内涵及规制理论基础。总结和梳理新医改以来我国主要药品价格规制的政策内容，对不同价格规制政策进行描述，分析不同药品价格规制政策特点。

第 3 章，文献综述。首先介绍价格规制的动因、主要内容及其作用效果，随后分别从最高限价政策、价格加成政策以及集中采购政策三个方面进一步对价格规制政策效果的相关研究进行梳理。

第 4 章，政策发展历程。主要总结和梳理新医改以来我国药品价格规制政策的内容，涉及规制环境、规制主体、主要政策及措施等。

第 5—7 章，实证分析。第 5 章为取消限价政策的实证分析，基于 2013—2018 年医药市场宏观统计数据，采用间断时间序列模型分析取消限价政策的实施效果，主要包括以下四个方面：①取消限价政策对医药价格的影响；②取消限价政策对药品价格的影响；③取消限价政策对医药制造业的影响；④取消限价政策对医药进出口的影响。第 6 章为取消加成政策的实证分析，基于 2012—2018 年四川省医疗卫生机构月度统计数据，采用双重差分模型分析四川省取消加成政策的实施效果，主要包括以下六个方面：①县级公立医院取消加成对医院门诊和住院费用的影响；②县级公立医院取消加成对医院门诊和住院费用结构的影响；③县级公立医院取消药品加成对医疗服务量的影响；④城市公立医院取消加成对医院门诊和住院费用的影响；⑤城市公立医院取消加成对医院门诊和住院费用结构的影响；⑥城市公立医院取消加成对医疗服务量的影响。第 7 章为国家集采政策的实证分析，基于 2018—2019 年北京市、浙江省医院药品采购数据，采用双重差分模型分析国家集采政策对公立医院药品采购的影响，主要包括以下四个方面：①国家集采政策对整体中选品种采购的影响；②国家集采政策对具体中选品种采购的影响；③国家集采政策对非中选品种采购的影响；④国家集采政策对不同类型、等级公立医院药品采购的影响。

第 8 章，结论和讨论。分别总结取消限价政策、取消加成政策和国家集采政策的效果，对研究结果进行深入的分析和讨论，并提出相应的政策建议。

根据各章节内容安排的技术路线和研究框架见图 1-2。

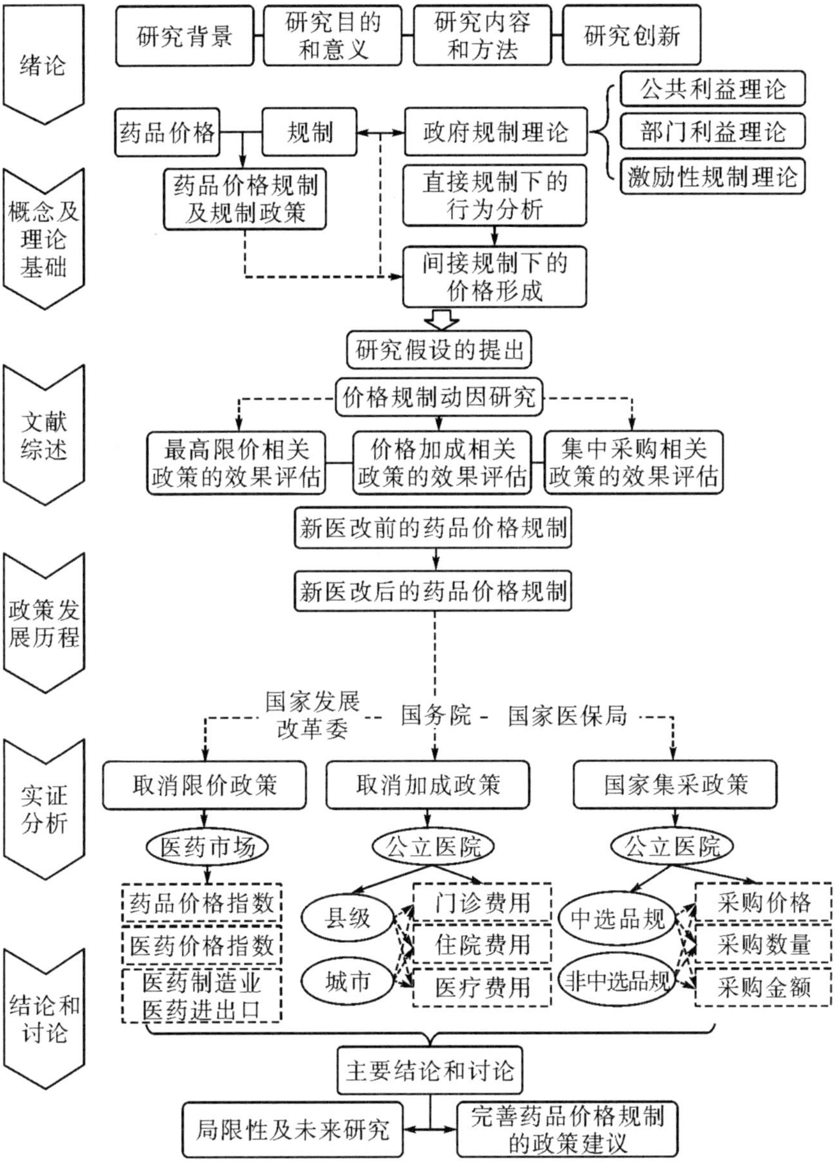

图 1-2 技术路线与研究框架

1.4 研究方法

1.4.1 比较研究

通过对文献以及政策的梳理和分析，比较不同时期不同药品价格规制政策以及价格规制政策具体实施内容的联系和区别，同时对我国药品价格规制的制度政策发展历程进行梳理和总结，为我国未来进一步完善药品价格规制提供经验和借鉴。

1.4.2 定量分析

采用因果推断对以往政策实施效果进行评估，因果推断是目前政策研究常用的方法，能根据分析结果为未来干预措施的选择和优化提供参考。为了得到准确的因果推断结果，通常做法是进行随机对照试验，控制混杂因素的干扰。但大规模随机对照试验在实践中并不多见，只好退而求其次通过设计准实验以评估政策对可能受影响的样本的效果。基于此，在所构建的理论框架的基础上，本书实证分析部分结合实证策略和数据特征，采用计量经济学模型进行分析研究，主要包括间断时间序列分析（ITS）和双重差分计量模型（DID）。

1. 间断时间序列分析（ITS）

时间序列是对一个样本连续时间的观察序列，在一段时间内重复进行。在 ITS 研究中，样本特定结果的时间序列被用来形成潜在趋势，如果在一个已知时间点进行干预（实施政策），可能改变原有变化趋势。如果这个干预没有发生，那么原有趋势不会发生变化（也就是说，在没有干预的情况下，通过前期的变化可以对后续变化趋势进行预测形成“预期趋势”），称为“反事实”。通过这种评估干预后发生的趋势变化（即已发生）与事实相反（即未发生）的情景比较为评估政策实施效果提供了可能。

ITS 能够控制和排除时间序列由其他因素引起的长期趋势变化的影响。

其首先通过绘图来展示指标随时间发生的变化，然后通过计量模型来量化评估政策对目标因变量产生的效果，影响的短期和长期效果（水平变化和趋势变化），是一种较强的评估政策干预纵向效果的准实验研究设计[9]，其内部有效性并不比随机试验差，并要求干预时间前后至少各有 12 个观察值以保证模型的统计效力[10]。ITS 与断点回归（RD），都预计因变量会在自变量特定的点上发生变化，不过其与 RD 的区别在于，在 ITS 中时间是主要的自变量，因此二者图像相似，有效性也区别不大。当将试验组的结果与一个或多个对照组的结果进行对比时，控制混杂变量可进一步提升 ITS 的内部有效性[11]。但是 ITS 的线性假设通常只能在较短的时间间隔内进行，并且不允许控制个体水平的协变量。ITS 在国内外医药卫生领域干预效果评价的应用日益广泛，如评估政策实施对药品利用的影响、医药改革中基本药物制度等相关制度的实施效果[12-15]、药品价格管理及规制的实施效果[16-23]。

ITS 模型主要包含三个变量：时间变量 time 为整个研究期间的时间序列，单位为观测时间的频率（如月或年）；政策变量 policy 表示政策干预措施的虚拟变量，干预前时段为 0（即 policy = 0）或干预后时间段为 1（即 policy = 1）；干预后变量 post 为干预后时间段的时间序列，即 time×policy。本书使用以下分段回归模型进行 ITS 分析：

$$Y_t = \beta_0 + \beta_1 \times \text{time} + \beta_2 \times \text{policy} + \beta_3 \times \text{post} + \varepsilon \tag{1.1}$$

式（1.1）中，β_1 为干预前趋势变化（表示干预前趋势的斜率），β_2 为干预后水平变化，β_3 为干预后趋势变化（时间变量与政策变量的交互项 time×policy）。

结合以上对 ITS 的介绍，同时考虑到取消限价政策在全国范围实施，缺乏适合的样本对照组，通常的不同样本的比较分析并不适用，本书在第 5 章通过 ITS 评估取消限价政策对医药市场的影响。

2. 双重差分法（DID）

首先考虑最简单的 DID 设计，即只有两个时间段（$t=0, 1$），只有两组样本（$i=0, 1$）。在第一阶段（$t=0$），两组样本都未受到任何干预。在第二阶段（$t=1$），仅对第二组样本（$i=1$）进行干预。在这个简单 DID 模型中，处理变量是组别变量和时间变量这两个变量的乘积，即交互项 $TREAT_i \times POLICY_t$，只有对干预组进行干预后即第二组（$i=1$）在第二阶段（$t=1$），有 $TREAT_i \times POLICY_t=1$。若因变量为 Y，则 DID 模型如下：

$$Y_{i,t}=\beta_0+\beta_1 TREAT_i+\beta_2 POLICY_t+\beta_3 TREAT_i \times POLICY_t+\varepsilon_{i,t} \qquad (1.2)$$

式（1.2）中，干预前第一阶段（$t=0$），对照组（$i=0$）的 Y 为 β_0，在干预后为 $\beta_0+\beta_2$。干预前 $t=0$，干预组（$i=1$）的 Y 为 $\beta_0+\beta_1$，在干预后为 $\beta_0+\beta_1+\beta_2+\beta_3$。其中，$TREAT_i \times POLICY_t$ 系数 β_3 即为干预措施的处理效应。

DID 设计的目的是消除来自组别或时间序列影响等无法测量的混杂因素。为了使模型的差分法能够反映政策效果，DID 干预后的干预组必须在统计学上独立于潜在结果分布，并取决于组别和时间的固定效应。这种来自样本和时间的固定效应也被称为“严格外生性”，这也是倾向评分匹配和横截面回归调整研究的基本假设。通过引入样本个体固定效应和时间固定效应作为双向固定效应模型。[①] 具体模型如下：

$$Y_{i,t}=\beta_0+\beta_1 TREAT_i \times POLICY_t+\mu_i+\gamma_t+\varepsilon_{i,t} \qquad (1.3)$$

式（1.3）中，μ_i 为个体固定效应，γ_t 为时间固定效应，而交互项 $TREAT_i \times POLICY_t$ 之前的系数 β_1 依然是政策干预的处理效应。

结合以上对 DID 的介绍，公立医疗机构实施取消加成政策由试点到全面推行，不仅实施时间存在差异，其实施目标医院也存在差异。本书在第 6 章通过 DID 分别对两次不同类型公立医院的取消加成政策实施效果进行

① 注：相比式（1.2），在式（1.3）中，用个体固定效应替代了处理组变量，用时间固定效应替代了政策变量，个体固定效应和时间固定效应都包含了更多的样本特征，如果再纳入处理组变量和政策变量，模型会出现共线性影响从而估计效果。

分析。与取消加成政策由试点到全面推行类似，国家集采政策已实施到第十批，无论是药品品种及实施地域都有了大幅的增加，但是首轮药品国家集中采购仍然先在试点地区推行，并且通过招标完成对中选品种的采购也带来了品种差异。本书在第 7 章同样通过 DID 对公立医院的国家集采政策实施效果进行分析。

3. 数据来源

本书分别基于 2013—2017 年医药市场宏观统计数据、2012—2018 年四川省医疗卫生机构月度统计数据和 2018—2019 年北京市、浙江省医院药品采购数据，实证分析取消限价政策对医药价格指数、医药市场供给端的影响、取消加成政策对县级公立医院和城市公立医院的医药收入影响、国家集采政策对公立医院药品采购的影响。三项药品价格规制政策与对应分析数据的逻辑时间轴，如图 1-3 所示。

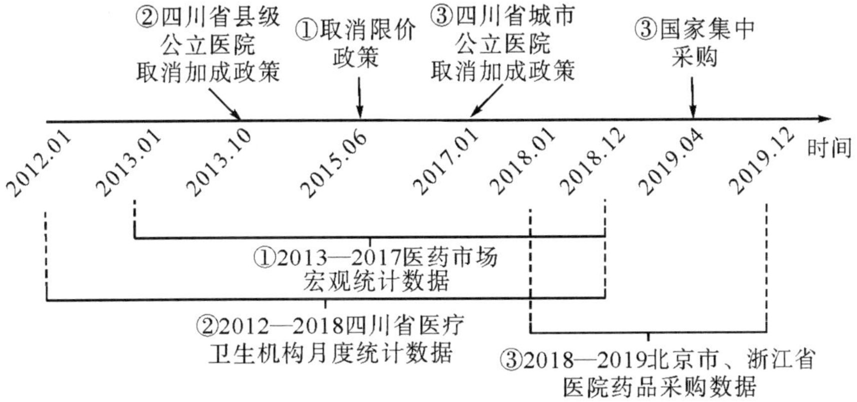

图 1-3 规制政策与分析数据逻辑时间轴

资料来源：作者整理。

数据介绍具体如下：

2013—2018 年医药市场宏观统计数据主要来源于万得数据库（www.wind.com.cn），结合研究目的筛选出月度医药品零售价格指数、医疗用品消费价格指数及其分类指数；同一时期和药品相关的进出口月度数据；筛选制药行业的季度财务数据作为医药市场宏观统计数据。本书在第5章运用该数据分析取消限价政策对医药市场影响。

2012—2018年四川省医疗卫生机构月度统计数据。主要包括四川省所有医院、乡镇卫生院（社区卫生服务中心）、诊所和村卫生室等医疗机构的级别、所有制形式、各类资产规模、门诊与住院量等月报统计信息。本书在第6章运用该数据分析取消加成政策对县级公立医院和城市公立医院医疗费用、医疗服务量的影响。

2018—2019年北京市、浙江省医院药品采购数据。主要包括三个方面的信息：医院的基本信息（即所在地区、医院等级和级别、医院经济属性）、药品的基本信息（即药品治疗分类、药品剂型、规格包装及生产企业）以及药品的采购信息（即药品采购价格、采购数量及采购金额）。本书通过机构代码将药品采购信息与医疗机构信息合并。本书在第7章运用该数据分析国家集采政策对公立医院药品采购的影响。

本书所有的定量分析基于Windows操作系统的软件Stata 15.0进行。

1.5 研究创新

1.5.1 理论与实证相结合的视角

本书将医药企业行为纳入价格规制的行为决策模型分析，补充了药品价格规制对医药市场影响的相关理论缺口。药品价格规制政策实施后，医药市场主体会做出相应的反应，这种反应可能符合价格规制政策的预期目标，也可能是规避价格规制的影响，那么对这种反应进行模型分析就很有必要。以往的研究主要通过医疗机构行为决策模型分析价格规制的效果，本文参考该模型，形成基于医药企业利润函数的行为决策分析模型。通过医药企业的行为决策分析模型，不仅有助于更好理解医疗机构的行为决策，也有利于形成完整的医药市场供需行为决策分析框架。通过分析价格规制下的药品价格的影响因素，不但为后续实证分析提出了研究假设，也对分析的结果讨论提供了依据。本书为探索价格规制分析框架做出了尝试，以便加深对价格规制在医药市场中效果的理解。

1.5.2 通过政策历史理解政策逻辑

本书归纳和梳理了新医改以来三项主要价格规制政策的发展历程及其政策启示，为未来价格规制的进一步完善提供思路。由于中国药品价格规制的复杂性，单一规制主体的单一规制政策容易受到其他因素的影响，很难独立实现其政策目标，因此需要出台系列价格规制政策。通过对药品价格规制政策发展历程的梳理可以发现：从新中国成立至今，我国药品价格规制经历了“严格规制—放松规制—再规制”的阶段，在药品价格规制政策发展过程中，逐渐厘定了药品价格规制的主要方向，即通过市场竞争机制来改革药品价格形成机制，从而实现医疗资源的优化配置。由于医生是患者的代理人，因此药品价格规制政策主要围绕药品生产商和医疗机构进行。围绕不同主体形成了不同的药品价格，这些主体之间的相互博弈也会直接或间接影响药品价格，这就造成药品价格规制的复杂性。因此了解这三项政策，除了其本身的政策内容以外，政策出台背景和政策目标也同样重要，这既有助于理解和解释政策背后的逻辑，也为进一步完善药品价格规制提供了依据。

1.5.3 应用宏观和微观大数据的量化分析方法

本书通过计量经济学方法选择对应数据，分别对三项价格规制政策的效果进行评估，为政策的进一步完善提供经验证据。本书在进行实证分析前，首先整合了近期多渠道的宏观和微观大样本数据。目前涉及国内药品价格规制政策评估方面的实证研究主要以调查数据为主，较少采用大数据。本书所涉数据包括宏观医药市场月度数据、卫生机构月度统计数据和医院药品采购月度数据，这些来源于机构官方统计的医疗大数据相对调查数据更契合政策评估的需要，有利于得到精确的统计推断，有助于分析政策对样本异质性的影响，较少存在报告偏差与样本选择问题，能够涵盖更多变量，因而更加能够满足计量模型研究的需要。在量化分析方法上，本书运用间断时间序列和双重差分等计量模型，均为目前应用较为广泛的政策评估的量化分析方法。其中，作为准实验研究设计的间断时间序列分析，其内部有效性并不比随机试验差，主要是用于评估政策干预纵向效果；而双重差分法则强调构建反事实框架下的因果推断，也能够较好评估政策干预效果。这两种计量模型在医药卫生领域干预效果评估方面得到日益广泛的应用。目前尚无研究对取消限价政策进行定量评估，对于取消加成政策的评估缺乏省级层面的经验证据，对国家集采政策实施效果的定量研究仍然很少，因此本书选择对应的宏观和微观数据，运用 ITS 和 DID 模型分别系统评估取消药品限价政策、取消加成政策和国家集采政策的实施效果。

2 相关概念和理论框架

2.1 药品价格规制相关概念

2.1.1 药品价格

2019年《中华人民共和国药品管理法》明确指出，药品“是指用于预防、治疗、诊断人的疾病，有目的地调节人的生理机能并规定有适应症或者功能主治、用法和用量的物质，包括中药、化学药和生物制品等”。在了解药品价格之前，需要了解药品从生产到投入使用过程中各个环节的组成，这包括从研发和生产、流通和销售及患者在治疗过程中收到药物之间的全部活动，药品价格由实际发生的成本和增加的价值组成。首先是药品的研发和生产环节，为了生产药品，从最初的研发阶段到获得监管批准(允许将药品在市场上出售)，再到最终的商业化阶段，这个环节发生的成本主要有研发费用和生产成本，而进一步附加在药品上的价值来自创新活动以及需要确保的生产质量。其次是药品的流通和销售环节，无论是药店还是医院，此环节都包括从药品生产商到患者的药品运输和处理，其发生的成本主要来自药品采购、处理和流通以及推广，而进一步附加在药品上的价值来自订单处理以及对药物持续供应的保障。最后则是患者使用环节，除了患者服用恰当的药物剂量和剂型以外，该环节还可能涉及许多其他因素，比如药物潜在的不良反应、药事服务以及医保目录药品报销，这个阶段发生的成本主要有药品购买费用、耗损成本以及用药教育支出，而进一步附加在药品上的价值来自患者的依从性以及健康服务。具体见图 2-1。

	研发和生产	流通和销售	患者使用
发生的成本	研发费用 生产成本 税费 推广费用	药品采购 药品处量和流通 折旧成本 资本成本 推广费用	药品购买 劳动、设施、设备 药品损耗 资本成本 教育
增加的价值	创新 规制文件 生产确保的质量 教育	确保药物持续供给 废物管理 订单处理 教育	药品可及性 药品广告 患者依从性 健康服务

图 2-1　药品各环节发生的成本和增加的价值

资料来源：AITKEN M. Understanding the pharmaceutical value chain［J］. Pharmaceuticals Policy and Law，2016，18（1-4）：55-66.

除此之外，药品价格在不同主体之间的名称也不尽相同，为了更好地了解不同主体之间的药品价格性质，可以构建一个简单的三方关系，主要包括生产和提供药品的药品生产商、提供医药服务的医疗机构以及购买和使用药品的患者。其中，药品生产商是供给方，患者是需求方，而医疗机构作为委托人和患者在医药服务中的代理人，既向药品生产商采购药品也向患者出售药品，见图 2-2。本书中的药品价格指药品在患者使用过程中的价格，主要包括医疗机构的采购价格和患者的购买价格。

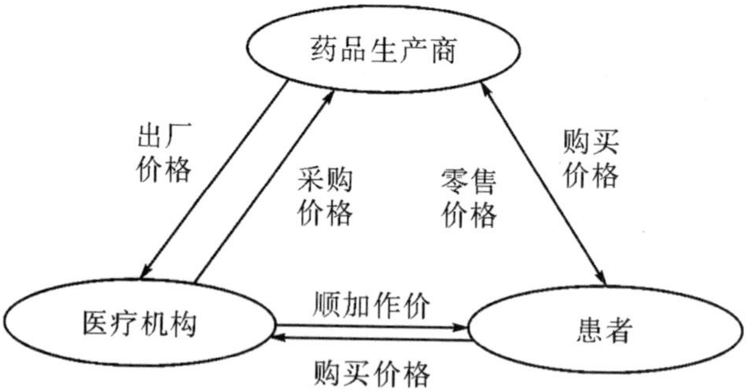

图 2-2　药品相关价格

为了对药品整体的价格水平的变动趋势和程度进行评估，需要选择药品相关的价格指数，它比个别药品品种的价格水平变化更能反映整体的药品价格水平。其中价格指数主要有两类，分别是商品零售价格指数（Retail Price Index，RPI）和居民消费价格指数（Consumer Price Index，CPI），这两种价格指数的差异主要体现在[24]：（1）调查范围不同，零售价格涉及居民和社会集团消费，但只包括商品；而消费价格只限于居民的生活消费品，但同时包括商品与服务；（2）两者采用的权数不同，前者以社会消费品零售额构成作为权数，而后者以居民消费支出构成作为权数。与医药有关的价格指数中，一级指标主要是中西药品及医疗保健用品类 RPI 和医疗保健类 CPI；二级指标主要是一级指标医疗保健类 CPI 下的中药 CPI、西药 CPI 及医疗服务 CPI。医药类价格指数指标具体表述见表 2-1。

表 2-1　医药相关价格指数一览

名称	类别	表述
中西药品及医疗保健用品类 RPI	一级指标	指用于医疗和保健的中西药品、医疗保健用品的零售价格指数。其中，中药包括中成药及中药材†，医疗保健用品指人使用的用于医疗的小型器具，不包括用于医疗的各种大型设备
医疗保健类 CPI	一级指标	指用于医疗和保健的药品、用品和服务的总费用。包括医疗器具及中西药品，以及医疗服务
中药 CPI	二级指标	在中国传统医术指导下应用的药物，按加工工艺分为中药材、中成药。指从药店等购买用于人体疾病防治、诊断的药品支出
西药 CPI	二级指标	相对于中国传统中药而言，指西医用的药物，一般用化学合成方法制成或从天然产物中提制而成
医疗服务 CPI	二级指标	主要指门诊和住院过程中如诊断类、治疗类、康复类等六个类别医疗服务项目的价格，不包含药品

† 中药材（中药饮片）指由植物药（根、茎、叶、果）、动物药（内脏、皮、骨、器官等）和矿物药组成的中药；中成药指以中草药为原料，经制剂加工制成各种不同剂型的中药制品，包括丸、散、膏、丹、片、颗粒、胶囊等各种剂型。

资料来源：作者根据国家统计局信息整理。

2.1.2 药品规制

规制（regulation），又称管制、政府管制，是指政府部门通过制定一系列规则或制度限制被规制企业提供产品和服务。现代意义上的规制概念在已有的法学、经济学和政治学等相关文献中虽然有多种解释，但是这些解释并未达成统一[25]。本书通过对以往经济学文献中的规制概念进行梳理，总结和归纳了药品价格规制的内涵。植草益在其《微观规制经济学》（1992）中提出规制是依据一定的规则限制构成特定社会或经济的个人或经济主体[26]。王俊豪（2003）认为规制是政府干预微观经济主体的市场活动的一种重要形式，具体来说是指政府规制主体（机构）依照法规对被规制对象所采取的行政管理与监督行为[27]。根据有关规制概念的已有研究，规制内涵包括两个层次：一是广义规制，规制主体不仅规制企业行为，还对所有主体进行干预和宏观调控，即政府以国家管理的名义来对经济社会活动进行干预；二是狭义规制，仅指政府通过行政管理或监督等形式直接干预微观主体的经济行为。政府通过对公共产品的规制来获得公共利益，也对微观市场运行产生了影响。首先，规制决定了企业的外部经验环境，构成了企业在市场中的基本行为准则，影响了行业结构和企业经营业绩。其次，规制确定了参与者的行为博弈，进而影响规制效果。比如，药品供需双方在一定的规制制度框架下进行交易，这也对双方行为进行了约束和激励。如果这种约束和激励措施不足，或者供需方规避规制或者串通，都会在一定程度上影响规制的效果。最后，如果将规制视为制度安排，那么规制就必须具有一定的稳定性，这样被规制对象才能产生稳定的预期，从而进行合理的投资、经营和交易。

规制政策（regulatory policy）就是政府通过运用规章、法律等手段实现其目标，以提供更好的经济和社会产出，实现社会资源优化配置，不仅有助于提高消费者福利水平，也有助于提高生产者福利水平，从而提高全社会福利水平。一般而言，政府部门负责规制政策的制定和实施，因此政府部门也通常被称为规制主体或规制机构。规制主体是具有一定法律地位和相对独立性的政府行政机构，按照规制政策对微观市场主体进行规制[28]。随着技术、消费需求、供给特点、市场力量的变化，规制政策及其范围也在不断变化。通过公众的选择，随着经济形势的变化、技术的进步和产业地位的变化，规制是动态调整的，调整细节与不同时期的国家经济政策导向密切相关。规制政策的影响范围包括微观和宏观两个方面。例如，参与主体的微观经济行为是准入规制、价格规制的直接被规制对象，对产业结构影响深远，这体现了规制与其他经济政策的差异。而药品价格规制政策的直接作用对象除了药品生产商外，还包括药品服务提供者（如医疗机构、药店等）。

2.1.3 药品价格规制

药品价格规制的目的是确保一旦一种新药与具有类似治疗指征的现有药物相比，具有显著的医疗功效和改进，那么其使用的效果能与第三方付款人所付出的代价相匹配。在药品需求相对缺乏弹性的情况下，药品生产企业利用垄断地位牟利的潜在可能性，已导致许多国家对至少部分药品市场的价格进行规制。

药品价格规制的侧重点也存在区别，主要有针对供给方（药品生产企业）的价格规制和针对需求方（医疗机构和患者）的价格规制[29]。针对供给方的药品价格规制主要是药品定价，主要内容包括对单个产品价格的控制、参考定价（根据其他国家相同或类似药品的价格确定价格）、平均定价以及纳入医保报销目录[30]。针对需求方的药品价格规制，主要内容包括患者共付额①，对医生的建议、指南和/或预算，医药进口等[31]。然而，没有一个国家依赖单一的药品价格规制，均是选择不同价格规制内容进行组合[30]。

根据从一般到特殊的演绎推理原则，本书对药品价格规制的内涵定义如下：政府依据法律法规以及新设立法等干预药品价格相关主体，如药品

---

① 共付额（copayment 或 copay）是一种固定金额，由患者在接受保险覆盖的服务之时，支付给医疗卫生机构的费用。

生产商、医疗机构等。药品价格规制整合了大量不同的制度规制，也包含一些规制政策组合，这些都在不同程度上影响相关主体的行为，也对建立健康、稳定有序的药品市场起到至关重要的作用。综上，本书所涉及的药品价格规制属于广义规制，本书的研究范围仅限于药品价格——医院的药品采购价格和患者的药品购买价格的政府规制。

为了更好贯彻药品价格规制政策，世界上不同国家都根据自身国情和制度环境因地制宜加以落实[32]。目前，药品价格规制主要方式为直接价格控制的国家有法国[33]、意大利、西班牙、加拿大和荷兰[34]；将医保支付价作为药品价格规制核心的国家有日本[35]、德国[36]，而英国的药品价格规制采取间接利润控制[33]。我国自1996年颁布《药品价格管理暂行办法》以来，将政府部门直接管理药品价格作为药品价格规制的主要方式，除此之外还形成了成本加成定价（包含价格调整）、单独定价、差比价规则这三种定价方法以便对药品价格进行管理，以及集中招标采购[37]、医保目录准入等其他药品价格规制方式。从不同利益主体来看，我国目前的药品价格规制政策包括三个方面：供给侧政策（价格调整、集中招标等）、代理需求政策（二次议价等）、需求侧政策（国家医保目录、基本药物目录等）[38]。

一些国家的药品价格规制方式主要是外部参考定价，包括意大利、葡萄牙、希腊、爱尔兰以及荷兰等，这些国家在制定本国药品价格时，以其他国家相同品种药品的价格作为主要参考标准。在直接价格规制政策下，被纳入社会医疗保险目录的新药价格和现有药品的价格必须经过政府部门的批准，批准文件作为报销依据，而如果药品价格出现下降的话，则不需经过政府部门的批准。还有一些国家实行价格上限规制，其上限的依据源于其他国家的药品平均价格或者是根据协议而定的最高价格。比如，奥地利以原研药价格为基准来实行价格上限规制：第一个上市的仿制药销售价格必须比原研药销售价格至少低48%，第二个上市的仿制药销售价格必须比第一个上市的仿制药销售价格低 15%，而第三个上市的仿制药销售价格必须比第二个上市销售的仿制药价格低 10%。

此外，也有一些国家使用参考价格补偿作为药品价格规制的方式，这些国家主要有德国、荷兰和新西兰等，其根据参考价格补偿内容，对选定的组别的药品补偿进行限制，从而间接限制药品价格。因此，这种药品价格规制方式并不是对药品价格进行直接控制或者调整。英国的药品价格规制方式主要采用报酬率规制或利润控制，具体而言，政府允许针对原研药自由定价，但如果要销售给国民健康服务体系（National Health Systems，NHS），药品生产企业在该原研药上的投资回报率不能超过 NHS 规定的水平（一般在 17%~21%），超出部分直接返还 NHS 或者在下一年降低药品价格。除了药品销售环节以外，药品流通环节的加成率会对药品销售价格产生较大影响，因此不少国家的药品价格规制政策会选择对药品流通环节的加成率进行调整。另外一些国家（比如德国、荷兰、瑞典、英国）对于原研药也实施了类似美国自由或准自由的药品定价政策，在这些国家，虽然采用了其他形式的药品价格规制方式，但一种原研药在上市和纳入报销之前，其价格并不需要通过政府部门的审核和批准。此外，药品价格规制还包括其他方式，比如药品招标、控制药品回扣和返点等。为了对原研药进行更合理的药品价格规制，澳大利亚和英国将药物经济学应用作为药品价格规制的决策依据[39]。韩国和德国为了提高国家医保基金的效率，通过价格谈判方式对原研药进行药品价格规制[40]。

有学者分析和比较了主要西方国家（如美国、英国、法国、德国等）的药品价格规制及其规制政策，也有学者从影响药品价格规制效果的政策目标、药品规制范围、规制政策类型以及干预效果等多个方面对药品价格规制进行了比较分析[41, 42]。杨莉等（2011）通过系统综述方法对不同国家药品价格规制进行了总结，提出以药品经济学评价为分析基础，同时结合参考定价、谈判定价、取消加成、改进医保支付方式等方式来实现对药品价格的有效调整，从而实现控制药品费用不合理增长的目标[43]。卢凤霞等（2012）介绍了一些发达国家的药品价格管理办法，发现国外药品价格规制呈现新的趋势，药品价格规制日趋严格，降价渐成药品价格规制的主流趋势，往往通过使用价格较低的仿制药替代价格较高的原研药以降低医药费用[44]。常峰等（2010）认为补偿规制与定价规制作为我国药品价格管理领域中两个不可分割的概念，分别代表了对药品市场需方价格和供方价格的监管，具体表现为通过控制药品定价机制，实现合理的供方市场价格；通过调整药费补偿机制，形成需方合理的实际支付价格[37]。

2.2 政府规制理论基础

自20世纪80年代以来，规制在政府用来影响、引导和控制经济部门和社会部门的一系列方法中占据了核心地位。随着规制改革在欧洲、拉丁美洲、亚洲东部等地区的国家中扩散，规制在调节生产者、消费者和国家之间的关系方面发挥了重要作用[45, 46]。规制的合理性主要体现在两个方面[47]：一是经济理由。规制目的是修复市场失灵，当稀缺资源没有得到最高效率的利用时，就会产生市场失灵，这通常发生在商品或服务被垄断，或者消费者对商品或服务的质量和价格没有了解足够的信息，或者外部性的存在使得价格没有体现生产或消费的实际成本，或者在生产公共产品或保护公共资源方面出现问题的情况下。二是社会理由。规制的目的是实现在特定历史和政治背景下重要的社会相关目标，如公平、公正、机会、透明度和问责制。一些理论有助于解释规制是如何产生、发展和执行的，这些理论也解释了所观察到的规制和规制体系的特点。相反，有些方法倾向于采取规范性立场，即它们提出如何设计和管理规制以实现预期的经济和社会目标。

规制理论从规制的利益服务对象、规制发生的原因和发生的方式等角度，为规制的利益动态提供了一些相互竞争和互补的观点。政府规制理论对药品规制研究也具有适用性[48, 49]。在社会科学领域，对规制的研究侧重于政府或国家如何以及为何控制或影响个人和组织的活动。然而，围绕市场经济中这种规制的动力和性质的解释存在很大争议，争论焦点在于，规制的引入是否被用以保护消费者利益而非生产者利益[49]。因此，梳理和归纳公共利益理论、部门利益理论以及激励性规制理论，有助于更好理解作为规制主体的政府部门实施药品价格规制的逻辑。

2.2.1 公共利益理论

公共利益理论的中心思想是，规制的实施是为了追求与公共利益相关的目标（而不是团体、部门或个人的自我利益）[50, 51]。也就是说，公共利益理论建立在这样的假设之上：规制是为了追求一些理想的经济或社会目标，使整个社会（而不是任何特定的团体、部门或个人）受益[52]。根据这种观点，设计、批准和管理规制体系的个人对社会是仁慈的[53]。他们在未受规制的行业或部门的工作中发现了问题，并致力于解决这个问题。比如，一个典型的问题是垄断造成的经济效率低下和社会不良影响。当一个卖家占据了整个市场，其所销售的商品或服务没有替代品，并且退出受到高度专业化和不流动资产的高沉没成本的阻碍时，就会出现垄断。垄断者可以通过收取更高的价格和提供比在竞争市场上更少的产出来榨取消费者的剩余。公共利益理论假定某种形式的客观知识能够确定“市场失灵”的存在，并能以适当的手段做出反应。在“公共利益”的世界里，官僚机构不保护或扩大他们的地盘，政治家不寻求提高他们的选举或其他职业前景，决策规则不决定决策，商业和其他利益集团不寻求特别豁免或特权。相反，规制是基于某种形式的冷静的专业知识和客观标准。

公共利益理论存在一定缺陷[52]。第一，应该如何定义公共利益，以及政策制定者和规制者如何解决其与经济和社会理想目标之间的关系。第二，规制主体的行为可能是为了追求自己的利益，而不是为了公共利益（例如，他们可能对保护或扩大自己的机构角色感兴趣），或者他们可能缺乏了解如何影响被规制主体行为的专业知识，或者他们可能没有足够的工具和资源来有效执行规制。第三，政策制定者和规制主体可能会被一个被规制主体“俘获”，后者可能会进行贿赂或提供其他形式的利益，让规制服务于他们的团体利益，而不是公共利益。

对药品规制的研究历来与公共利益理论相一致，特别是侧重于因药品生产者不受控制而导致的市场失灵引入的药品规制[48, 54]。具体而言，有别于一般商品的药品因为其专业性和复杂性，使其在销售和使用中容易出现“低效”或“滥用”的情况，这就要求政府出面保护患者利益。虽然药品是为了改善患者健康，但它们如果使用不当（如过度使用、错误使用等），往往会延误患者病情，从而对患者健康不利。根据公共利益的观点，规制主要是为了最大限度地提高药品的健康效益，同时通过确保患者能够获得他们所需要的安全、有效、优质的药品来减少药品使用中的风险。尽管药品生产企业的利益可以与公众的健康利益相一致（因为安全有效的产品有时会满足大量的患者需求），但企业受销售商品以获取利润和发展业务的基本愿望的驱动，其自身利益与公众利益之间产生了潜在的冲突，这就造成患者使用的药品不能带来积极的健康结果，或者对健康产生了不可逆的影响，这通常是药品固有的毒性，或者是药品制造方式不当，抑或是患者过度使用或不适当地使用不安全或无效的药品，因为药品生产企业的过度宣传和患者对药品的科学知识不足都会导致“信息不对称”[55]。

2.2.2 部门利益理论

部门利益理论认为规制的发展在很大程度上不是由追求公共利益而是由利益集团的特殊关注所驱动[56]。规制的经济理论建立在这样的假设之上：行为者本质上是自律的，以利益最大化为导向。部门利益理论的假设包括以下三个方面：所有规制主体都在寻求效用最大化（自我利益）；所有规制主体都尽可能地了解情况并从经验中学习；规制是无成本的（整体效率不会受规制水平的影响）。

基于经济理论的论点往往忽视或低估了诸如意识形态、政策目标、情感认同、个性限制、偏见和道德立场等重要动机[57]。“规制俘获”对规制偏离公共利益目标的解释是，其动机不仅仅是财富最大化，还可能包括其他角度，比如意识形态、官僚主义或社会目标等。因此，该理论强调官僚寻求机构预算最大化的倾向，或者最大化机构的政治影响和能力范围[58]。然而，超越财富最大化并从更广泛的角度看待效用最大化的观点带来的问题是，这会导致规制预测能力的丧失，而且很难将相对权重赋予据称正在寻求的各种因素（金钱、选票、意识形态和其他偏好）[59]。总而言之，这些观点认为规制的过程本质上是关于自利的行动。对规制的其他解释使该理论朝着部门利益的方向发展。部门利益理论认为规制的发展是不同集团之间以及这些集团与国家之间关系的产物。与公共利益理论不同，他们不把规制行为看作充满了公益性的现象，而是将其看作权力的竞争[56]。Bernstein（1955）提出了一个关于规制过程的“生命周期”理论，他整合了各种因素（内部和外部）来解释规制的轨迹，发现其特点是一个老化的过程，在这个过程中，最初的“公共利益”规制制度让位于被规制行业的“俘获”[60]。根据这种观点，规制通常是作为对保护公众免受不良活动影响的政治呼吁的政策反应开始的。在其生命周期四个阶段中的第一个阶段，即起初阶段，对某个问题的关注导致了规制主体的建立。第二阶段是发展阶段，在这一阶段，被规制主体“俘获”了缺乏经验的规制主体。随着第三阶段成熟期的到来，规制变得更加专业和稳定，规制主体开始越来越关注行业的需求。随着活力的下降，该机构在做决定时越来越依赖先例，并采取了被动的立场。衰退阶段是第四个阶段，规制主体变得优先考虑部门利益而非公共利益[61]。

2.2.3 激励性规制理论

基于以往的政府规制理论，被规制主体的最优定价理论（如边际成本定价、Ramsey-Boiteux 定价、非线性定价等）进行了如下假设：规制主体完全了解他们规制的企业所面临的技术、成本和消费者需求属性，并能以某种方式对被规制企业施加成本最小化的义务[62-64]。但是具有完全信息的规制主体在现实中显然是不存在的，规制主体对于被规制主体所面临的成本和服务质量、机会以及服务需求属性的信息并不完善。此外，被规制主体通常比规制主体或对规制决策结果有兴趣的第三方拥有更多关于这些属性的信息。因此，被规制主体在规制过程中可能会战略性地利用其信息优势来增加利润或追求其他管理目标，从而对消费者不利[65, 66]。如果被规制主体能“俘获”规制主体，并使其更多地考虑自己的利益，那么问题可能进一步恶化[66, 67]。

近年来的规制改革不仅反映了规制主体减轻其所面临的信息劣势的努力，同时也反映了“规制俘获”问题以及各级政府、消费者和其他利益集团的监督机会[68]。此外，由于规制是一种重复博弈，规制主体在观察公司对规制决定的反应时，可以了解到公司的属性，因此，被规制主体自然会在其主张的可信度和用来支持这些主张的信息方面形成声誉。然而，尽管现有规制实践的发展侧重于增强规制主体可获得的信息准确性，但所采用的规制机制通常并未有效利用这些信息[69, 70]。从 20 世纪 80 年代开始，关于激励性规制的理论研究迅速发展，直接面对不完美和不对称信息问题以及相关的契约约束、规制的可信度问题、“规制俘获”及其他规制主体几十年来试图应对的问题，但其缺乏一个全面的理论框架来指导规制主体更直接有效地处理这些挑战[66, 71, 72]。

虽然规制主体可能不知道公司的真实成本，但通常能够获得一些关于其概率分布的信息。也就是说规制主体的不完全信息可以用一个概率分布来概括，这个概率分布在被规制企业的实际成本机会所在的某个上限和下限之间的可能成本机会范围内。此外，公司的实际实现成本或支出不仅取决于其基本的成本机会，而且还取决于管理人员为利用这些成本机会所做的行为决定。管理者可能会施加不同程度的努力，以便从公司拥有的成本机会中获得更多（或更少）的收益。在其他条件相同的情况下，管理者的努力越大，公司的成本就越低。然而，施加更多的管理努力会给管理者和社会带来成本。在其他条件相同的情况下，管理者不愿多花点力气来提高自己的满意度，但少花力气会导致更高的成本和更多的“低效率”。然而，规制主体不能直接观察管理者的努力，因为这对其服务质量及实际成本的影响具有不确定性。公司固有的成本机会和管理努力方面所面临的不确定性，使被规制主体具有战略优势。被规制主体希望说服规制主体为其提供的服务制定更高的价格，因为它满足了公司的长期财务生存能力约束（公司参与或预算平衡约束），增加了被规制主体的利润，并允许公司从消费者那里获取剩余。因此，追求社会福利最大化的规制主体面临着一个潜在的逆向选择问题，因为它需要区分具有高成本机会的公司和具有低成本机会的公司，同时需要遵守预算平衡约束。规制主体所面临的关于管理努力的程度和影响的不确定性造成了另一个潜在问题，由于规制主体通常拥有或可以获得关于被规制主体实际成本（即实际支出）的信息，处理上述逆向选择问题的一种方法就是将价格设定（或在一年后重置）为与企业事后实现的成本相等的水平。这将解决逆向选择问题，因为规制主体的信息劣势将通过审计公司来解决。然而，如果公司及其管理人员失去了赚取租金的机会，就会减少自身在管理方面的努力，进而增加公司的成本，导致管理层减少控制成本方面的努力，最终使实际成本高于其有效水平。因此，追求这个潜在的道德风险问题与管理者在应对规制激励时的努力程度有关[66, 73]。面对这些信息劣势，追求社会福利最大化的规制主体将寻求一种规制机制，将逆向选择和道德风险的社会成本都考虑在内，以其面临的企业参与或预算平衡约束为前提，平衡与逆向选择有关的成本和与道德风险有关的成本。规制主体也可以采取减少信息劣势的行动，例如，提高规制主体拥有的关于公司成本机会的信息质量。

2.3 模型与假设

2.3.1 直接规制下的行为分析

医药市场中围绕医药的供需存在多个主体，比如供给方是生产销售药品的医药企业，需求方是购买医疗服务及产品改善个人健康的患者，而作为患者代理人的医疗机构，既向患者提供医疗服务又向医药企业采购医药产品，所以其既是供给方也是需求方。除了这三个主体之外，还有对医药市场进行规制的政府部门等。如果想要关注政府规制带来相关主体行为的变化，那么需要对医疗服务和产品的供需过程中各个主体的行为进行分析。①

1. 医疗机构

本书同时考虑利润最大化和目标收入两种情形，根据 McGuire 等（1991）构建的医疗服务提供者（医生）行为决策模型[74]，讨论医生如何在第三方支付的情况下，对医疗服务的价格变化做出策略性调整。②

首先用一种服务和一种价格来描述医生效用的最大化。费用水平通过医药服务的净收入（费用减去成本）影响医生收入。当费用改变时，医生净收入也发生改变，医生可通过调整诱导需求的程度来影响医疗服务提供的数量。

假设医生效用（U）与净收入（π）和闲暇（L）正相关，而与诱导需求服务量（I）负相关。假设医生是一个垄断者，拥有固定数量的患者，这些患者支付固定的自付费用（可能为零），反过来，医生为医疗服务收取固定费用，不允许余额结算。医生能够对患者进行需求诱导，使患者改变准备接受的服务数量（X）。I 可以定义为每个患者的诱导需求服务

① 考虑到患者与医疗机构之间的委托代理关系，为了简化分析，需求方只考虑医疗机构。因此，对这些主体的行为分析仅包括需求方的医疗机构和供给方的医药企业。

② 在我国现行的医药卫生制度下，公立医疗机构占据医疗服务市场绝大多数比例，且医生是公立医疗机构的雇员。由于本书后续涉及机构数据均为公立医疗机构数据，因此本书不对医疗机构和医生加以区分，而是将两者视为一体，作为患者的代理人进行分析。

量，并且假设患者数量是固定的，那么 $X(I)$ 则为医生提供的总诱导需求服务量，其中 $X(0) > 0$ 且 $X'' > 0$。由于诱导需求服务量没有自然单位，令 $X'' = 0$。

医生提供的时间投入会随着边际效用的增加而增加。医生提供每项服务的时间都使用 t 作为单位。医生的时间和其他投入之间不具有替代性。那么医生的净收入取决于费用和其他投入成本之间的差额。用 p 表示医疗服务价格。由于非医生时间投入的成本不变，费用的增加相当于利润的增加。医生通过决定进行多少诱导需求服务量来使效用最大化。

基于以上定义和假设，医生效用的函数如下：

$U = U(\pi, L, I)$

其中 π 表示医生的净收入，L 表示医生的闲暇，I 表示医生对医疗服务的诱导需求量。净收入和闲暇可以使医生获得正效用，边际效用递减，而医生诱导需求使其产生负效用，边际效用递增。

进一步地，约束条件如下：

$\pi = pX(I)$

$L = 24 - tX(I)$

$\frac{\partial U}{\partial \pi} > 0,\ \frac{\partial U}{\partial L} > 0,\ \frac{\partial U}{\partial I} < 0$

$\frac{\partial^2 U}{\partial \pi^2} < 0,\ \frac{\partial^2 U}{\partial L^2} < 0,\ \frac{\partial^2 U}{\partial I^2} < 0$

$\frac{\partial^2 U}{\partial L \partial I} = \frac{\partial^2 U}{\partial L \partial \pi} = \frac{\partial^2 U}{\partial \pi \partial I} = 0$

效用最大化时的一阶条件：

$$X'p\frac{\partial U}{\partial \pi} + \frac{\partial U}{\partial I} + (-X't)\frac{\partial U}{\partial L} = 0 \tag{2.1}$$

取公式（2.1）对 p 的导数，同时按照效用中的交叉部分项都为零（来自可加性可分性）和 $X'' = 0$ 的假设，然后求解 $\frac{\partial I}{\partial p}$：

$$\frac{\partial I}{\partial p}=\frac{-X(X'p)\dfrac{\partial^2 U}{\partial \pi^2}-X'\dfrac{\partial U}{\partial L}}{(X'p)^2\dfrac{\partial^2 U}{\partial \pi^2}+\dfrac{\partial^2 U}{\partial L^2}+(-X't)^2\dfrac{\partial^2 U}{\partial I^2}} \tag{2.2}$$

一般情况下，公式（2.2）的符号不能确定，即不能确定价格变化后服务量是上升还是下降。

更进一步地，当医生可以通过诱导需求来保证自身收入时，如果考虑用诱导需求替代另一种更有利可图的医疗服务的情形，那么，即使医疗服务价格下降，医生通过增加服务的数量来实现目标收入的结论在两种医疗服务情形中便不再正确。这是因为：一方面，医疗保险费用削减会降低收入，因此如果医生追求目标收入，他们将倾向于增加对所有服务的需求（费用变化的收入效应）。另一方面，在一项服务的价格降低后，相对于其他患者，医生在诱导需求方面的收入将减少，从而使得医生减少降价服务的诱导需求，而增加其他服务的诱导需求（费用变化的替代效应）。

考虑到医生不止产生一种医疗服务的情况，假设药品服务的诱导需求量为 I_D ，非药品的其他医疗服务的诱导需求量为 I_S 。

那么医生效用函数为

$U=U(\pi, L, I_D, I_S)$

进一步的，约束条件为

$\pi=p_D X_D(I_D)+p_S X_S(I_S)$

$L=24-t_D X_D(I_D)-t_S X_S(I_S)$

和前文一样，净收入和闲暇会增加医生效用，药品或者其他医疗服务的诱导需求量会降低医生效用。在药品或者其他医疗服务方面，收入比、时间投入、诱导需求量的难易程度都可能不同，这可能促使医生对药品或者其他医疗服务的收入比的变化做出不同反应。收入比更高、时间成本更低、对诱导反应更灵敏更少的服务，预期会在维持目标收入的负担中承担相对较高的份额。减少所有参数的边际效用意味着所有二阶导数都是负的。假设效用函数在所有参数中都是可加的，因此交叉部分项为零。令 U_D 和 U_S 代表相对于药品服务和其他医疗服务的诱导需求的导数，效用最大化的一阶条件是：

$$X'_D p_D \frac{\partial U}{\partial \pi} - X'_D t_D \frac{\partial U}{\partial L} + U_D = 0 \tag{2.3}$$

$$X'_S p_S \frac{\partial U}{\partial \pi} - X'_S t_S \frac{\partial U}{\partial L} + U_S = 0 \tag{2.4}$$

进一步，分别对公式（2.3）取 p_D 的导数和对（2.4）取 p_S 的导数：

$$\frac{\partial I_D}{\partial p_D} = \frac{-X_D(X'_D p_D)\frac{\partial^2 U}{\partial \pi^2} - \frac{\partial U}{\partial L} X'_D}{(X'_D p_D)^2 \frac{\partial^2 U}{\partial \pi^2} + \frac{\partial^2 U_D}{\partial L^2} + (-X'_D t_D)^2 \frac{\partial^2 U}{\partial I_D^2}} \tag{2.5}$$

$$\frac{\partial I_S}{\partial p_S} = \frac{-X_S(X'_S p_S)\frac{\partial^2 U}{\partial \pi^2} - \frac{\partial U}{\partial L} X'_S}{(X'_S p_S)^2 \frac{\partial^2 U}{\partial \pi^2} + \frac{\partial^2 U_S}{\partial L^2} + (-X'_S t_S)^2 \frac{\partial^2 U}{\partial I_S^2}} \tag{2.6}$$

药品服务价格（ p_D ）降低将如何影响其他医疗服务的总诱导需求量（ X_S ）？当不存在收入效应且闲暇的边际效用不变或 X_D 的时间 t_D 非常小时，p_D 的减少对 X_S 没有影响。为了使 X_S 受到影响，须有收入效应或闲暇的边际效用因 p_D 的改变而改变。收入下降会增加 U_π ，当医生发现自己更穷，便倾向于进行更多的药品和其他医疗服务的诱导需求。如果减少 X_D 的边际效用是减少 X_D ，那么，减少对药品服务的闲暇投入可能会减少其边际无效性，使得增加更多的 X_S 。

因此，当收入效应不存在，闲暇的边际效用不变，对价格下降的药品服务投入时间减少时，药品服务的价格下降不会对其他医疗服务产生影响；相反，当收入效应存在并且很强时，闲暇的边际效用发生变化，对价格下降的药品服务投入时间减少时，药品服务的价格下降会对其他医疗服务产生影响，这也可以理解为药品服务价格下降带来的溢出效应。并且，某项医疗服务价格下降使得医生的收入变少，如果收入效应为正值时，那么医生会有动机增加对其他服务的诱导，表现为“替代效应”。

Mcguire 等（1991）的模型推导结果表明，医疗服务价格调整会使医生面临收入效应和替代效应。当收入效应很强时，医生会增加医疗服务供给的数量来弥补价格下降带来的收入损失；当收入效应很弱甚至不存在时，医生会减少价格下降的医疗服务供应量。此外，当收入效应为正值时，医生可能会增加对其他医疗服务的供应，价格变化可能产生替代效应；当收入效应很弱甚至不存在时，医生可能不会改变对其他医疗服务的供应，进而可能不会产生“替代效应”。另外，除了收入效应的强弱，替代效应还取决于不同医疗服务的相对价格。

2. 医药企业

前文对医疗服务提供者的行为决策模型进行了讨论。在存在不同诱导需求时，医生可以通过调整不同医疗服务（如药品服务，其他医疗服务等）的工作量来保证自身效用最大化。同理，作为药品供给方的医药企业也就是药品生产企业，为了保证满足医疗服务提供者的需求，也对其自身生产资源进行调整以使其利润最大化。本书同时考虑药品生产企业的利润最大化情形，参考 McGuire 等（1991）构建的药品生产企业行为决策模型，讨论药品生产企业如何在第三方支付的情况下，对药品价格变化做出策略性调整。

首先用一种药品和一种价格来描述药品生产企业的利润最大化。企业总收入水平通过药品销售的利润（总收入减去成本）影响企业利润。当企业总收入改变时，企业利润也发生改变，药品生产企业可以通过调整产品的生产组合以满足医疗服务提供者的需求。

假设生产企业利润（R）与净利润（θ）和资本（K）正相关，而与供给数量（Q）负相关。结合前述医疗机构（医生）进行医疗服务的诱导需求量，那么药品生产企业也就需要提供相应的供给数量（Z），但是药品生产企业为了获得诱导需求量需要付出额外的交易成本，导致其利润下降。Q 可以定义为每家医院的药品供给数量，假设医院数量是固定的。那么 $Z(Q)$ 则为药品生产企业提供的总供给量，其中 $Z(0) > 0$ 且 $Z' > 0$。令总供给量没有自然单位，则 $Z'' = 0$。

药品生产企业提供的生产投入会随着边际利润的增加而增加。企业提供每种药品的生产投入都使用 q 作为单位。药品生产投入和其他投入之间不具有替代性。那么企业的净利润取决于总收入和其他投入成本之间的差额。用 p 表示药品销售价格。由于非药品生产投入的成本不变，总收入的增加相当于利润的增加。企业通过决定进行多少药品生产的供给量来使利润最大化。

基于以上定义和假设，药品生产企业的利润函数如下：

$$R = R(\theta, K, Q)$$

其中 θ 表示药品生产企业的净利润，K 表示药品生产企业的资本投入，Q 表示药品供给量。净利润和资本投入可以使企业获得更多利润，边际利润递减，而供给量使其产生负利润，边际利润递增。

进一步地，约束条件如下：

$$\theta = pZ(Q)$$

$$K = K_t - qZ(Q)$$

$$\frac{\partial R}{\partial \theta} > 0, \frac{\partial R}{\partial K} > 0, \frac{\partial R}{\partial Q} < 0$$

$$\frac{\partial^2 R}{\partial \theta^2} < 0, \frac{\partial^2 R}{\partial K^2} < 0, \frac{\partial^2 R}{\partial Q^2} < 0$$

$$\frac{\partial^2 R}{\partial K \partial Q} = \frac{\partial^2 R}{\partial K \partial \theta} = \frac{\partial^2 R}{\partial \theta \partial Q} = 0$$

效用最大化时的一阶条件：

$$Z'p\frac{\partial R}{\partial \theta} + \frac{\partial R}{\partial Q} + (-Z'q)\frac{\partial R}{\partial K} = 0 \tag{2.7}$$

取公式（2.7）对 p 的导数：

$$\frac{\partial Q}{\partial p}=\frac{-Z(Z'p)\frac{\partial^2 R}{\partial\theta^2}-Z'\frac{\partial R}{\partial K}}{(Z'p)^2\frac{\partial^2 R}{\partial\theta^2}+\frac{\partial^2 R}{\partial K^2}+(-Z'q)^2\frac{\partial^2 R}{\partial Q^2}} \tag{2.8}$$

一般情况下，公式（2.8）的符号不能确定，即在价格发生变化后，不能确定药品生产企业药品供给量是上升还是下降。

更进一步地，药品生产企业可通过调整产品生产组合来追求利润最大化。在前述只有一种药品生产的条件下，进一步考虑两种药品同时生产的情形，即当一种药品受到规制时，用未受规制的药品进行替代的可能性。企业总是通过增加被规制药品的供给数量来实现目标收入的结论，在多种产品同时存在的情形下不再正确。一方面，被价格规制的药品不再得到医疗保险报销，相应的医疗保险费用削减会使得医生减少使用从而降低企业收入，因此如果企业追求目标收入，他们将倾向于增加对所有药品生产的供给（费用变化的收入效应）。另一方面，在一种药品受到规制后，相对于患者，医生在诱导医疗保险受益人对该服务的需求方面的回报将减少，使得医生对该服务的诱导需求量更少，那么相应的，企业对被规制药品的供给量也减少，而对其他未被规制的药品的供给更多（费用变化的替代效应）。

考虑到药品生产企业不只生产一种药品的情况，假设受价格规制的药品的供给数量为 Q_r，未受价格规制的药品的供给数量为 Q_{nr}。

那么药品生产企业函数为：

$R=R(\theta,\ K,\ Q_r,\ Q_{nr})$

进一步地，约束条件为：

$\theta=p_r Z_r(K_r)+p_{nr}Z_{nr}(K_{nr})$

$K=K_t-q_r Z_r(K_r)-q_{nr}Z_{nr}(K_{nr})$

和前文一样，净收入和资本会增加企业利润，受价格规制药品或者未受价格规制药品的供给量会降低企业利润。令 R_r 和 R_{nr} 代表相对于药品的服务：

$$Z'_r p_r \frac{\partial R}{\partial \theta} - Z'_r q_r \frac{\partial R}{\partial K} + R_r = 0 \tag{2.9}$$

$$Z'_{nr} p_{nr} \frac{\partial R}{\partial \theta} - Z'_{nr} q_{nr} \frac{\partial R}{\partial K} + R_{nr} = 0 \tag{2.10}$$

分别对公式（2.9）取 p_r 的导数和对公式（2.10）取 p_{nr} 的导数：

$$\frac{\partial Q_r}{\partial p_r} = \frac{-Z_r(Z'_r p_r)\frac{\partial^2 R}{\partial \theta^2} - \frac{\partial R}{\partial K}Z'_r}{(Z'_r p_r)^2\frac{\partial^2 R}{\partial \theta^2} + \frac{\partial^2 R_r}{\partial K^2} + (-Z'_r q_r)^2\frac{\partial^2 R}{\partial Q_r^2}} \tag{2.11}$$

$$\frac{\partial Q_{nr}}{\partial p_{nr}} = \frac{-Z_{nr}(Z'_{nr} p_{nr})\frac{\partial^2 R}{\partial \theta^2} - \frac{\partial R}{\partial K}Z'_{nr}}{(Z'_{nr} p_{nr})^2\frac{\partial^2 R}{\partial \theta^2} + \frac{\partial^2 R_{nr}}{\partial K^2} + (-Z'_{nr} q_{nr})^2\frac{\partial^2 R}{\partial Q_{nr}^2}} \tag{2.12}$$

模型推导结果表明，药品受到价格规制时，企业会增加未受价格规制药品的供给数量来弥补利润损失。

2.3.2 间接规制下的价格形成

医疗服务的特殊性主要和不确定性有关，不确定性在医疗市场广泛存在：一方面，疾病发生具有不确定性；另一方面，对疾病的诊治也存在不确定性[75]。这两方面的不确定性，导致一系列医疗服务市场的特殊性，造成医疗服务市场存在市场失灵的现象，因此需要政府进行规制，通过制定完善的制度或者进行价格干预来减少或消除市场失灵造成的不良影响。基于公共利益的考虑，政府对药品价格进行规制，出发点是保障全体人民对基本药物的可及性、可获得性和可负担性[76]。

与一般经济部门或是卫生部门的其他市场相比，医药市场的研究结果可能对制度特征更加敏感，因为该市场的制度背景更为复杂[77]。在许多国家，政府为纳入医疗保险覆盖的患者购买的药品提供报销并对被报销药品的价格进行规制[78]。此外，医疗服务提供者（医疗机构）作为患者的代理人，在医药市场上代替患者做出消费决策，这些特征不似一般经济部门普遍存在的需求方（买方）和供应方（卖方）之间简单的双边关系。本书在 2.1.1 的药品价格分析中，简单提及了药品流通阶段中的药品生产商、医疗服务提供者和患者三个主体间的药品相关价格（图 2-2），如果将政府部门纳入，那么可以构成医药市场上的四方结构：药品生产商、医疗服务提供者、患者和政府部门[79]，其中规制主体是政府部门，被规制对象是药品生产商、医疗服务提供者和患者。对医疗服务提供者而言，与药品相关的价格主要是向患者销售的药品费用和向药品生产商进行购买的药品采购价格。在实践当中，医疗服务提供者的收入来源主要为医药费用，其中包含药品费用和非药品费用（如治疗费、检查费等医疗服务项目）；而药品采购和与药品价格相关的内容为采购价格。

参考以往研究对药品价格规制的分类[7, 80, 81]，结合图 2-1 的药品各个环节及图 2-2 的药品相关价格，对价格规制下的药品价格进行梳理。

参考 Liu 等（2012）[79]和 Zhao 等（2017）[82]的研究，分析如下：

此时厂商根据成本和利润制定的药品销售价格为 P_0，即

$$P_0 = P(C,\ R) \tag{2.13}$$

其中，C 表示药品成本，R 表示厂商的利润。

进一步地，若将处于信息不对称中信息优势方的药品生产商视为垄断竞争厂商①，倘若给予垄断厂商自由定价权，该厂商将做出自身效益最大化的生产决策，使得边际成本（Marginal Cost，MC）等于边际收益（Marginal Revenue，MR），即 MC = MR，在 M 点，有垄断价格 P_M 和垄断产量 Q_M，与完全竞争市场的生产决策 I 相比，竞争价格 P_I 低于垄断价格 P_M，

① 换而言之，取消限价之前是规制价格，取消限价之后则变为垄断价格，具体的变化则是价格上涨和产量降低。但是，医药市场并非如经济学垄断分析（几乎讨论的都是自然垄断和行政垄断）中所讨论的是垄断市场或者寡头市场，相比普通商品市场，医药市场除了价格规制外，还存在诸多社会规制，如准入规制等，且难以成为完全竞争市场，毕竟作为患者代理方的医院并非直接消费者。为了便于分析和理解，此处假设药品生产商为垄断竞争厂商。

竞争产量 Q_I高于垄断产量 Q_M。因此政府通常根据平均成本等于需求的函数，即 AC=f（D）来限定规制价格，以保证消费者福利。政府部门设定规制价格为最高零售价和最高出厂价（P_{cap}），即

$$P_0 \leqslant P_{cap}(V,\ P_{other}) \tag{2.14}$$

其中，V 表示产品的规格和治疗价值，P_{other} 代表同一治疗类别中其他现有竞争产品的价格。这表明，政府部门设定每种药品的价格上限时要考虑其治疗价值和其他现有产品的价格。

当政府部门减少对医疗机构的财政支持时，医疗机构需要通过医疗服务获取收入以维持自身运营，其中包括药品服务，而药品生产商向医疗机构出售药品。那么，医疗机构的采购价格与厂商的销售价格之间的差额成为医疗机构的利润。为了压缩医疗机构利润空间以节省患者药品费用，政府部门会定期进行市场调查以收集有关实际平均批发价格的信息，然后根据新的平均批发价格估算来调整报销价格水平。此时药品价格如下：

$$P_0^t = P_a^{t-1} + \alpha P_0^{t-1} \tag{2.15}$$

其中，P_a 是平均采购价格，定义为

$$P_a = (1 - \theta) \times P_0^t = P_0^t - \theta \times P_0^t \tag{2.16}$$

θ 是药品生产商提供的折扣率，α 是利润率，使医疗机构能够支付配药的技术费用和交易费用。2017 年公立医院取消加成以前，α = 0.15。因此，本书将 α 视为常数。公式（2.15）表示，政府部门采用从药品市场调查中获得的收购价格的加权平均值和前一时期的补偿价格来确定当前时期的药品价格（此后当政府部门开始进行药品集中采购时，该价格作为招标底价）。但由于政府从未公开发布过市场调查的结果，因此，外部各方无法观察到 P_a 。

基于使用一组可观察变量来推断不可观察变量的影响的理论推理，来推导平均采购价格与采购价格之间的联系。Ellison 等（2010）将药品生产商提供的折扣（θ）也称为买方折扣做为变量进行观察，买方折扣即势力

较大/数量较多的买方（例如医院集团等）从药品生产商获得折扣的能力，厂商竞争是买方折扣的必要条件[83]。因此，买方折扣既需要形成买方规模，也需要进行厂商竞争。根据此框架，结合药品市场的制度特征，指定折扣率（θ）与同一市场中竞争产品的数量（N）、购买者规模（M）以及药物的治疗价值（V）关系的函数为

$$\theta = \theta(N,\ M,\ V) \tag{2.17}$$

在其他条件相同的情况下，折扣率与 N 和 M 正相关，而与 V 负相关，即 $\partial\theta/\partial N > 0$, $\partial\theta/\partial M > 0$, $\partial\theta/\partial V < 0$。这是因为厂商竞争强度的增加和买方规模的增加使买方在从药品生产商那里获得更好的价格优惠时更具优势。将式（2.13）（2.14）和（2.15）代入式（2.17）中，可将式（2.17）重写为

$$P^t = [1 + \alpha - \theta(N,\ M,\ V)]\, P^{t-1}(V,\ P_{other}) \tag{2.18}$$

通过省略该时间段的上标，可以将式（2.18）简化如下：

$$P = P(N,\ M,\ V,\ P_{other}) \tag{2.19}$$

式（2.19）表明，规制价格的高低是同一市场中竞争产品的数量（N）、购买者的规模（M）、药物的治疗价值（V）以及其他现有产品的价格（P_{other}）构成的函数。由于药品市场的竞争，规制价格受同一市场中产品数量的影响。随着越来越多的产品进入市场，药品生产商更有可能将采购价格降到更低的水平，以便医保支付方进行选择。反过来，政府部门可以通过不同形式（如集中采购）了解较低的采购价格，并据此更新采购价格底价。因此，本书预测采购价格的水平与同一市场中竞争产品的数量呈负相关，即 $\partial P/\partial N < 0$。遵循相同的理论推论，还假设采购与药品的治疗价值（本书将化学名相同的药物视为具有相同治疗价值）和其他现有产品的价格水平正相关，即 $\partial P/\partial V > 0$, $\partial P/\partial P_0 > 0$，但与买方规模负相关，即 $\partial P/\partial M < 0$。

2.3.3 研究假设

为了简化分析，本书结合药品价格规制政策内容选择了厂商或医疗服

务提供者作为相应角度来评估价格规制政策的效果，并通过经验数据对这些假设进行验证。基于前述理论和分析，结合数据的可得性，本书提出假设如下。

假设1：对药品价格的影响：假定取消限价前，药品价格调整政策有效，即整体药品价格是规制价格（介于垄断价格和竞争价格之间）；那么取消限价政策后，新的均衡价格为垄断价格，出现价格上涨。反之，价格调整政策无效，即整体药品价格是垄断价格，那么规制政策对医药市场价格指数无影响，即价格无变化。本书在第5章运用2013—2017年医药市场宏观统计数据分析取消限价政策对医药价格指数影响。

假设2：对厂商的影响：若取消限价前，药品价格调整政策有效，那么垄断竞争厂商的产量是规制产量（介于垄断产量和竞争产量之间）；取消限价后，新的均衡产量为垄断产量，出现产量下降。反之，药品价格调整政策无效，即药品产量是垄断产量，那么取消限价后，产量不会变化。本书在第5章运用2013—2017年医药市场宏观统计数据分析取消限价政策对厂商的影响。

假设3：对医疗机构的影响：价格规制政策实施后，药品费用会下降；非药品的医疗服务项目费用增加，如治疗、护理等医疗服务费用会增加，检查费用可能会增加，总的医疗费用变化方向不确定。不同类别医院的医疗服务供应量和供应质量存在差异，其医疗费用结构的变化也存在差异。本书在第6章运用2012—2018年四川省医疗卫生机构月度统计数据分别分析四川省县级公立医院和城市公立医院取消加成政策对医疗机构费用结构的影响。

假设4：对药品采购的影响：买方规模越大（即购买采购越多），采购价格越低；不同竞争程度的药品品种采购价格和采购数量存在差异。本书在第7章运用2018—2019年北京市、浙江省医院药品采购数据分析首轮国家集中采购政策对医疗机构药品采购的影响。

3 国内外相关文献综述

1978 年改革开放后，我国对药品价格放松规制，但自 1996 年起又再对药品价格进行规制，并对不同市场主体的药品价格内容陆续出台不同的价格规制政策。为了汇总以往研究成果和为本书后续内容铺垫，本章根据 2015 年以来主要价格规制政策内容，选择从价格规制的动因、最高限价政策、价格加成政策和集中采购政策四个方面进行梳理。

3.1 药品价格规制动因研究

药品市场的特点是需求价格无弹性，主要源于基本医疗保险以及新药专利保护制度等药品市场特征，这就使得大多数国家采取各种手段来遏制医药企业的市场力量，控制医药费用的增长[84]。药品价格是否应该受到政府规制一直存在争议[85]。药品市场的特殊性（如专利保护、第三方支付和低价格弹性）使大部分国家实行价格规制。非竞争性的资源分配，如药品价格规制，可以提高社会福利，因此需要非市场干预。价格规制也可能对价格竞争的发生程度产生影响，从而影响一般药品定价[86]。从需求方来讲，基本医疗保险目录的覆盖范围包括了大多数基本的常用的药物使用，加之患者及其代理人医生为了追求健康的恢复而使用更好更多的药品，也在一定程度上降低了其对药品价格及药品费用的敏感性，导致道德风险，甚至在疾病的治疗过程中出现过度使用或是片面追求价格高昂的药品的现象。从供给方来讲，药品的研发活动是一项高风险、高收益的活动，高风险意味着药品研发存在较高的失败率，会导致前期的研发投入成为沉没成本，加重医药企业的成本负担。因此，为了减轻企业负担，政府授予企业原始研发的新药专利权，也就是新药的市场独占权，以便企业获取高收益，加快对前期投入的回收，从而鼓励企业进行高风险、高收益药品创新。因此，需求方的道德风险和供给方的市场独占权导致大多数国家政府采取成本控制措施，确保药品的可负担性和可获得性[87, 88]。Pollard 等人（2004）发现部分欧盟国家通过药品价格规制来降低政府财政负担和减少政府医药支出。药品价格规制有利于患者福利，因为价格规制提高了原研药的可及性和可负担性，使得患者可以更快地获得原研药，并且价格规制并非总是降低对制药企业的创新激励，在一定条件下，价格规制能引导企业的创新投入实现资源最优配置和社会福利最大化[89]。

一种不赞成药品价格规制的观点认为，药品价格规制将延迟新药的研发和上市。作为研究密集型竞争行业，医药行业具有专利多、研发成本巨大、产品研发竞争激烈、监管严苛等特点，以往研究对价格规制效果的估计是不确定的，因为这些研究对规制的替代措施估计比较是粗略的，有时甚至是不准确的，导致对分析的测量误差和一些矛盾的结果；同时，这些研究也缺乏关于竞争产品价格的具体产品数据，因此只是对上市价格进行了预期，并且估计式假设了价格规制对新药上市价格的影响，但无法与现实中的上市价格的经验证据相印证，这也导致无法明确区分价格规制的间接外溢效应。此外，这些研究进一步分析了药品价格规制与药品研发投入的相关性，认为价格规制降低了医药企业的回报率，减少了企业对新药的研发投入，从而对新药的可持续发展造成严重影响。比如，在美国实行的药品价格规制提升了医药企业在药物研发前期的成本，增加了企业的研发投入和研发风险，抑制了企业研发新药的创新能力，延缓了疑难症及危重症病人获得新药的时间，在一定程度上减少了社会福利[78, 90-92]。比如，收集提交新药申请所需的临床数据需要 10 到 12 年的时间，每种获批化合物的平均成本为 26 亿美元[93]。尽管价格规制可以在短期内降低患者的经济负担，但是创新研发的减少可能导致患者预期寿命的缩短，进而带来更高的成本，从而使得全社会福利降低[94]。

另一种不赞成价格规制的观点认为，价格规制限制了市场竞争，价格规制将抑制不同品牌在药品市场的竞争，导致市场平均价格提高[95]。他们的研究结论还指出，仿制药在不规制或很少规制的市场（美国、加拿大等）比在实施严格价格规制的市场（法国、意大利和日本等）竞争更加激烈。一些欧洲国家的学者认为，如果普遍对仿制药实施价格规制，那么将会限制药品市场上的价格竞争，特别是严格的规制政策对医药企业研发投入有短期的负面影响，但是从长期趋势上看，医药企业的研发投入并没有受到抑制[96]。吴婷等（2011）认为，实施药品价格规制后，医药行业盈利水平被降低，制约了我国医药行业企业的创新能力的提升和竞争力的培育，同时认为药品集中招标采购制度只能有限降低仿制药的价格水平，而无法对单一来源的药品以及专利药品的价格产生显著和持续的影响[97]。曹阳（2003）将我国药品价格规制政策界定为政府对于药品价格的形成和运动所实施的干预与控制，认为药品价格规制作为一种经济职能，本应起到矫正市场失灵的作用，但由于我国医药行业的特殊性，造成医药市场失灵的信息不对称问题并未因药品价格规制政策的引入而得到真正改善，处于垄断地位的医疗机构仍利用其明显的信息优势不断抬高药品价格，价格规制政策对于药品价格的控制作用较为有限[98]。朱恒鹏（2011）认为，因为在药品市场存在信息不完全和信息不对称的情形，这个非竞争市场使得政府规制机构无法及时准确地掌握药品的成本和市场供求信息，最终也就导致药品价格规制政策不能有效控制药品费用的增长，所以政府的药价规制已经使得价格竞争机制完全失灵，只有通过市场竞争减少医院及药物供应的信息不完全和不对称情形才能降低药价[99]。杜创（2013）指出，政府对医疗机构进行的价格管制导致了过度医疗和治疗不足的问题，价格受到规制时，将会出现收入较高的患者被过度治疗而收入较低的患者治疗不足的现象[100]。刘小鲁和易丹（2014）根据信任品市场理论分析发现，严格的价格管制迫使非营利医院过度治疗[101]，强化竞争和价格管制都无助于控制医疗费用，甚至会增加诱导需求，并指出重构激励机制的付费改革才能有效解决过度医疗问题[102, 103]。

3.2 最高限价相关政策的效果评估

为了控制医疗支出的增长，政府会对药品价格进行规制，药品市场上最常用的价格控制机制之一是价格上限规制。价格上限规制限制了医药企业通过利用市场力量来收取高价的能力[104]。在价格上限规制下，企业仍然有动力保持生产性，如果药品价格低于上限价格，企业甚至还有空间在市场上进行竞争。但是，价格上限规制的主要问题是，如果规制的价格太低，企业可能会退出市场，或者甚至根本不进入市场。此外，价格上限规制的行政成本较低[105]。价格上限规制除了改善激励效果之外，还会导致分配效率的提高。Bradley 等（1988）发现，在假设利润最大化时，在价格约束下通过规制运作的企业会随着时间的推移转向符合拉姆齐结构的价格[106]，换而言之，价格上限规制不仅能促进有效生产，还促进有效定价。价格规制的实际实施不仅对价格有影响，而且对企业引入价格规制的感知概率也有影响。例如，公司可能会降低价格，以阻止规制的实际实施[107]。虽然价格上限模型在短期内导致药品价格的上涨，但从长期来看却可以提高消费者的福利水平[108]。

除了对价格有影响外，实行价格规制也会对供应产生影响。这种影响有两个方面。一是对引进被规制药品的延迟上市的影响。由于平行贸易和消费者的外部价格参考，企业可能不会立即在价格规制市场上进口药品[90]。二是对药品未来的研究和开发的影响。当企业面临价格上限规制时，企业的研究和开发支出也会下降，主要有两个原因：首先是企业的预期利润会下降，其次对企业的资金流也有影响[109]。但是，价格上限规制对社会福利的影响还无法评估。Santerre 等（2006）评估了药品价格和可及性之间的平衡点，研究表明，美国的价格上限规制产生了消费者剩余的总收益，但也使 198 种药物未被引进[110]。Sood 等（2009）为了分析药品价格规制如何影响医药收入，收集了主要发达国家在 1992—2004 年 13 年间实施的药品价格规制情况，研究发现，如果价格控制政策保持较长的时间，将刺激成本降低，降低药品收入，价格上限规制能够长期降低卫生保健费用[32]。

此外，价格上限规制也可以作为企业药品定价的参考。Anis 等（2003）研究表明，加拿大对仿制药实施的价格上限规制未能降低仿制药价格的成本，这是因为制药市场本身已经具有足够的竞争力，在有利可图的市场中，价格规制只会导致企业按照价格上限定价[111]。研究进一步发现，当较多数量的医药生产企业进行竞争时，价格的价差，即最高价格和最低价格之间的差异较小[112]。此外，已有研究探索了规制与竞争的关系。Danzon 等（2002）通过分析七个国家药品销售数据发现，规制较少的药品市场竞争更激烈，这意味着规制越严格，价格竞争就越少，该研究认为实施规制会提高未来药品的价格，降低活跃在药品市场的企业的研发支出[113]。Simens 等（2012）进一步发现在规制较少的市场中，市场和价格竞争更强，规制通过减少仿制药竞争来减少价格的波动[114]。有研究指出，反竞争存在串通现象。Bhaskarabhatla 等（2016）研究表明，在实施价格规制之前，企业试图通过串通来逃避价格规制，串谋的形式有很多种，价格操纵是其中之一。企业之所以能够串通，是因为实施价格规制的过程是透明的，而且企业在引入价格规制之前有足够的时间协调其定价策略，以确保产品价格接近价格上限，这影响了价格规制对价格的效果[115]。药品受价格上限规制的医药企业可以通过开发新配方、新剂量和新给药系统从而规避价格上限规制带来的影响[108]。事实上，价格上限规制也存在风险。Zhang 等人（2016）研究了价格上限法规对仿制药企业退出市场的影响，研究结果表明，降低价格上限水平与制药企业退出市场的发生率较高有关[116]。上述研究大多集中在讨论医药行业价格上限规制的效果上，本书认为还需要进一步研究价格上限规制实施不成功的原因及政策为何会导致意外后果，如药品短缺和研发被抑制[117]。

2000 年开始，国家发展改革委将限定最高零售价格作为价格上限规制的主要方法之一。截至 2013 年，国家发展改革委对政府制定的药品的最高零售价和最高出厂价先后进行 30 余次调整，主要是降低最高价格上限和一大批化学药和中成药的价格[118]。国内有关价格上限规制的已有研究主要集中在药品价格调整政策方面，特别是讨论和分析了各地医疗机构中价格调整药品的使用情况。刘佐仁等（2006）梳理了以往 17 次药品降价政策并对 1999—2003 年间人均医疗费用变化情况进行了统计分析，研究发现药品价格调整对人均药品费用的降低效果有限[119]。董朝晖等（2008）根据北京市 1998—2005 年五家三甲医院部分抗生素价格数据，构建价格指数来分析价格变化趋势，并通过差分方程讨论了药品的价格需求弹性，研究结果表明药品价格调整政策的效果有限，主要是因为医药企业生产、流通“高价格”药品和医疗机构在临床上选择使用高价格“新药”[120]。吴斌珍等人（2011）运用我国价格指数数据考察了历次药品降价政策的效果，发现降价政策只能短期小幅降低药品价格，但增加降价干预强度可以加强这种短期影响，降价政策没有减轻居民医疗负担和降低制药企业平均盈利水平，政府直接的降价干预并没有实现其政策初衷，却带来了新的行为扭曲[24]。问瑜英（2011）通过时间序列模型分析了 2004—2011 年的药品价格指数，研究发现各项药品价格调整/限价规制政策对药品价格影响不大，各项药品价格规制政策在城乡之间的效果没有明显差距，部分药品价格规制政策引起了药品价格指数的小幅上升，说明了药品价格规制措施存在一定负作用[121]。张琼（2010）梳理了我国1997—2007年历次药品价格调整政策并通过事件研究法进行了分析，研究结果发现调价/降价措施对药品价格的影响持续时间仅限于实施前后的较短的时间内，且药品价格会很快恢复到价格调整前的水平[122]。蒋建华（2012）首先从选择Peltzman最优制政策模型来对我国药品价格规制政策的效果进行了理论分析，认为政府在实施价格规制的时候仅考虑医疗机构和药品生产商的利益，其次通过面板数据进行了计量经济学分析，结果发现药品价格规制政策有效，但也有些因素影响了规制政策效果的发挥[123]。

关于药品价格规制实施效果的研究，现有文献的主要分析对象为发达国家。研究发现管制措施（最高限价、参考定价等）可以降低医药价格或控制医药成本，比如欧盟国家通过最高售价、最高报销率、参考定价等政策干预仿制药价格，发现这些价格监管措施可以稳定仿制药价格[95]。基于成本控制的价格规制政策通常无法降低医药费[124]，因为厂商能够找到提高药品销售额的方法。挪威和芬兰的研究报告称，通过制定鼓励使用较便宜的他汀类药物和限制昂贵他汀类药物报销的政策干预，在增加他汀类药物的消费的同时实现了支出下降[125, 126]。WHO发布的《国家药品定价政策指南》提出各个国家政府应采用不同政策工具组合来控制药品价格和支出[127]。国家发展改革委在2005年实行药品差比价规则，这项政策对医药市场的药品费用也产生了影响，表现为差比价政策能降低整体药品价格，此外，政策也抑制了限价范围内药品价格过快增长[128-131]。

在2015年6月国家发展改革委等七部委发布《推进药品价格改革的意见》取消政府原药品限价政策前，针对国内药品价格政策效果评估的研究主要集中在降价政策的影响上。在各地医疗机构中降价药品的使用情况方面[132-136]，调价品种主要集中于临床常用和售价相对较高的药品，调价方式主要以降价为主，也有少部分药物的价格略有提升，大多数药物的降价幅度较大，其中对于仿制药的降价幅度较单独定价药品要大，而对于中成药的调价覆盖面更广[2]。但是医疗机构所使用的降价药品数量没有明显减少[137]，因为降价政策在一定程度上扭曲了药品的合理使用[24]，具体表现为：降价幅度较大的药品使用数量明显减少，临床常用的廉价药品出现短缺[136]，医院除了选择高价替代品种等用药行为削弱药品降价政策效果外[132, 133]，低价带来的行为扭曲还会包括过度治疗的低效使用[138]。因此，降价政策只能短期小幅降低药品价格，增加降价干预强度可以加强这种短期影响[122]，但效果非常有限[123]，并不能有效降低人均药费水平[24, 119]，并且在城乡之间的效果没有明显差距[121]。对于企业的影响方面，主要表现为降低其平均盈利状况[24]，影响医药上市公司的股票价格和市场价值，但是这种影响具有滞后性[139]。

3.3 价格加成相关政策的效果评估

在西方国家，药品加成政策在整个供应链中被广泛采用。意大利将零售端的药品加价比例固定在 22.90%，同时，将批发端的加价比例固定为 7.30%来调节批发价格[140]。法国的情况略有不同，批发商可以在制造商的价格上加价 10.74%，或者将销售加价比例提高到药店购买价格的 9.70%。然而，对于后者，其税率为 1.20%[141]。在加拿大，除曼尼托巴省外，加拿大所有省份都实行药品加价。而曼尼托巴省政府根据实际采购成本，让零售商支付药品采购成本和批发商加价。因此，曼尼托巴省的仿制药价格比加拿大其他省份高 7%至 9%[142]。在挪威，当地政府通过固定的加价比例来管理药品定价。对于批发商来说，药品可得利润率在 5%至 7%，而零售商可以在原价的 5%至 8%调整其定价[143]。挪威药品管理局根据《医药产品定价指南》（*Guideline on Pricing of Medicinal Products*）来决定加价幅度，药品加成政策间接地刺激了仿制药的销售[144]。美国采用了更多的策略来防止药品定价过高。创新药物生产商获得了折扣和回扣，每年间接减少约 18%的生产支出。除此之外，还允许批发商在批发价上加价，最高加价比例可达 17%[145]。同样，英国也实行药品加成比例控制，在批发层面实行 25%的利润率。此外，零售商加价的上限为初始销售价格的 21%，不过，该国没有直接调节创新药物的价格，而是控制销售中的资本回报率[146]。

与西方国家较低的加价幅度（原价的 4%至 25%）不同，东亚的中国、日本、韩国三国的药品加价率高达 50%，这三个国家都允许在零售端加价。中国允许公共部门和私营企业在批发和零售加价，加价率在 15%至 30%，批发商可以将药品价格提高 10%至 15%。在以往多级经销商中，从省级批发到全国批发，都允许加价。一般来说，加价幅度约为 10%至 15%。此后，零售商可以进一步加价，幅度为批发价的 15%至 30%。加价幅度也因药品的产地而异。化学药和生物药可以加价 15%，而中草药制剂药物可以加价 16%。中药材可加价幅度为 30%。允许医院和全科医生对西药和中药分别获得 15%和 30%的加价比例。此外，如果考虑到大宗采购的折扣和额外的库存，加价幅度可以高达 40%。供应链各个环节的加价使医疗服务提供者得以获利。因此，与制造商和零售商的成本相比，药品价格往往是扭曲的[147]。韩国的零售加价可能高达 53%，也就是说零售价比批发价高出 53%[148]。在日本，药品加价幅度都固定在 10%。其中，批发商的加价没有价格上限或固定比例，而零售商有 10%的固定比例[149]。

取消加成政策的相关内容还包括将处方与配药分离（也称医药分开），这被认为可以减少医生逐利动机[150]，韩国及我国台湾地区已实施医药分开[151, 152]。以我国台湾地区为例，Chou 等（2003）对我国台湾地区 1997 年实行的医药分开进行了评估，发现医药分开在减少药物费用和影响处方行为方面可能是有效的，但对医药总费用的影响并不确定[153]。自 2010 年起，我国开始分阶段推行公立医院改革，包括推进医药分开和改革以药补医机制，其中取消加成就是改革以药补医机制的主要内容之一[154]。有关药品价格取消加成政策的国内研究以实证分析为主。国内学者从理论层面探讨了取消加成改革可能产生的影响。朱恒鹏（2007，2012）认为解决药价虚高的根本办法是打破公立医院的行政垄断地位和减少政府管制，而“取消加成”和“收支两条线”等改革均无助于控制药品价格[99, 155]。刘小鲁（2011）指出在医药一体化背景下，政府开展的药品和设备等收费价格管制导致“以药养医”和“以械养医”出现，一旦药品零售市场具有垄断特征，药品取消加成程度越高，医生就会从“以药养医”转而“以械养医”[156]。

加成政策的取消对医院费用结构及医疗服务的利用产生了影响。封国生等（2014）基于北京市 12 家公立医院汇总的统计数据，采用双重差分模型，分析发现取消加成改革显著降低次均门诊费用和住院费用的比例分别达到 19%和 8%，显著降低门诊药品和住院药品费用的比例分别达到 30%和 21%，显著增加门诊人次和住院人次的比例分别达到 21.70%和 42.80%，取消加成改革在减轻患者医疗负担的同时增加了医疗服务量[157]。Zhang 等（2015）根据 2013 年浙江省 130 家县级综合性公立医院的统计数据进行了取消加成改革前后的回顾性研究，结果发现门诊和住院患者的次均药品费用分别减少了 8.20%和 15.36%；门诊和住院护理的次均服务费用分别增长了 23.03%和 27.69%，在门诊患者中，每次就诊的药物使用率增加了 5.58%，而住院患者的药物使用率没有显著变化，两者均低于理论药物使用水平。此外，门诊每次就诊的服务利用率增加了 6%，住院服务增加了 13.10%，两者均高于沿着需求曲线移动的理论水平，取消加成改革通过消除加价幅度减少了处方药的利润，还通过提高服务价格来补偿服务成本[158]。Zhou 等（2015）基于陕西省县级公立医院改革试点情况，根据宁陕县（试点县）和镇坪县（对照县）两家医院 2014 年的门诊记录和 9 239 位住院记录的数据，采用双重差分模型，分析发现取消加成改革使得门诊和住院费用以及二者的药品费用显著下降[159]。Tian 等（2016）通过分析北京市级医院 2009—2015 年的数据发现，政策实施促进了门诊和住院医疗服务量的增加[160]。Yang（2017）通过 ITS 分析陕西省县级基层医疗卫生机构 2009—2013 年的医院数据和患者数据发现，取消加成政策的实施可以减缓每月平均住院支出的增长趋势[6]。Zhang 等（2017）基于湖北省县级公立医院改革试点，根据试点县和对照县 2011—2013 年新农合医疗保险结算数据，分析发现取消加成改革后住院总费用和自付费用分别显著增加了 28.70%和 16.90%，虽然患者的住院药品费用显著下降了 9.50%，但检查费和治疗费大幅度增加。尽管改革降低了患者的住院药品费用，但总费用和自付费用的支出却大大增加了，可见患者的总体医疗负担并没有减轻。Fu 等（2017）根据福建省 187 家公立医院的医院数据，采用双重差分模型，评估了“三明模式”的城市公立医院改革。该模式在 2013 年通过调整医院治理结构、改变医院的支付系统以及重新调整医生的激励机制来改革其 22 家公立医院，同时制定了严格的药品改革举措，包括“取消加成政策”和“集中采购政策”，以降低药品费用和总医疗费用，“三明模式”改革在不显著降低临床质量和生产效率的情况下，显著降低了医疗成本，在改善公立医院绩效方面取得了短期成功[4]。He 等（2018）根据三明市 2012—2014 年医院财务报表数据，采用间断时间序列，分析发现取消加成改革短期内降低了药品费用和医疗费用，但随后开始增长，达到甚至超过了改革前的基准水平，从长期来看，这种影响减弱甚至消失了，取消加成改革未能实现其打击药物和医疗总支出急剧增长的目标。陈醉等（2018）根据某省会城市 2013—2015 年城镇职工医疗保险住院报销数据，采用双重差分模型，分析发现取消加成改革使患者药品费用显著下降 9.5%，但护理费用和治疗费用分别显著增加 69.70%和 53.40%，而最终住院总费用显著增加 4.90%，自付比例显著下降，取消加成改革只是改善了公立医院的收入结构，并没有显著减轻患者的医疗负担[161]。Tang（2018）通过 ITS 分析南京市十家城市公立医院 2011 年 11 月—2015 年 6 月的医院数据发现，政策基本实现了消除药品加价、促进医疗服务收入增长、调整医疗收入结构的政策目标[162]。Fu 等（2018）根据 2009—2014 年全国 1 880个县的 200 家县级综合性公立医院的面板数据，采用双重差分模型，分析发现取消加成改革导致药品费用减少，医疗服务费用增加，而总医疗费用没有变化。另外，还发现，在改革之前更多依赖药品收入的医院中，诊断测试/医疗耗材的支出有所增加，该研究认为这些结果更有可能是由供方推动的，即医院通过增加具有更高利润的服务和产品来弥补药物收入的减少[163]。Shi 等（2019）根据 2009—2014 年全国县级医院数据，采用事件研究法，分析发现取消加成改革使药品费用、医疗服务费用和总费用分别下降 3.10%、3.60%和 3.40%，对每年门诊和住院服务量没有影响，从长期来看，药品费用依然显著下降 5%，但对医疗服务费和总费用长期影响不明显[164]。王俊锋等（2019）根据 2016—2017 年北京市医保抽样数据，采用间断时间序列和双重差分法，分析发现取消加成改革改变了医疗费用结构，西药费用降低，医疗服务费用增加，可能存在预期外的耗材费用增长[165]。Zhu 等（2019）根据北京市所有二级和三级中医院数据，采用时间序列方法，分析发现取消加成改革调整了二级和三级中医院的成本结构，而没有对医院的运营产生负面影响，并且通过增加分级医疗服务费用，将患者从三级医院转移到了其他医疗机构，特别是轻病患者[166]。Zeng（2019）根据北京市三级医院 2012—2015 年的患者保险数据，分析发现在实行取消加成政策之后，药品支出显示出持续下降的趋势，但是从长期来看，总支出的下降因医疗耗材的替代效应而减弱[167]。Luan 等（2020）根据 2007—2015 年国内某省会城市的 117 家公立医院数据，采用双重差分模型，分析发现取消加成改革显著降低了药品收入，但医院为了应对经济危机，显著增加了影像学检查收入和医疗设备上的资本支出，该研究发现取消加成改革对医疗质量没有显著影响[168]。Yan 等（2020）根据 2016—2018 年陕西西安 12 家公立医院数据，采用间断时间序列法，分析发现取消加成政策对药物收入和药物使用的影响并不显著[169]。

3.4 集中采购相关政策的效果评估

决定药品成本和供应的一个重要因素是采购模式[170]。药品采购的效率和有效性对医药卫生体系的绩效具有重要意义，如果在药品支出上实现成本节约可能有助于提高医药卫生体系的整体效率，因此药品可及性的提高也有助于医药卫生体系有效性的提高[171]。医疗卫生机构可以通过批量采购，以量价优势取得更低的采购价格[172]。集中采购是买方之间的一种合作形式，有利于对买方的购买力进行整合从而提供更强的市场影响力[173]。在制度方面，集中采购也有助于克服医疗机构在管理上的不足从而降低药品单价[174]。政府单方面实施限价对于控制药品价格作用十分有限，药品生产企业需要一定利润空间支持新药的研发，而对于企业而言，利润的主要来源仍然在于药品采购数量[175]。确定药品采购价格在考虑患者利益的同时，应兼顾企业的利益，以采购量为筹码，与企业进行协商，通过谈判来决定[176]。集中采购制度实施之后，药品的采购方式更加规范化，药品价格越来越低，且不同的直辖市、自治区都在进行创新与尝试，结合本地实际来对药品集中采购模式进行探索[177]。但是，在地方药品集中采购带量采购中，不带量是出现较多的问题，这种问题的出现会使得药品出现有限的降价空间[178]。集中采购组织作为供需双方的中介组织，通过减少交易费用、促进制药企业之间竞争，从而实现降低药品采购价格的目标[179, 180]。同时，医药市场上也出现了超越国家层面的跨国集中采购[171]，比如以中东国家为主的海湾合作委员会，包括许多拉丁美洲国家的泛美卫生组织扩大免疫计划和包括加勒比海地区的九个国家的东加勒比药品服务组织。

集中采购的效果评估主要包括采购前后的价格比较等，在全球范围内，药品集中采购节省了药品费用。新西兰的仿制药市场的特点是高价量少，但是门诊处方药通过招标的流程实施集中采购使整体仿制药市场转向低价量多，并在五年后节省了15%至20%的药品支出[181]。在集中采购政策实施后，九个加勒比岛国将单位药品成本降低了50%以上[182]。印度德里实施集中采购制度后，不仅为政府公共财政节省了近30%的药品费用，而且改善了医疗机构的药品供应[183]。Abbadi等人（2009）采用数量比较法来比较约旦实施集中采购前后的2006年和2007年购买药品的数量和费用，估计节省了8.90%的药品费用[184]。Vandoros等（2013）发现希腊实施集中采购后，药品费用从实施前2009年的50.9亿欧元下降到2010年的42.5亿欧元和2011年的41亿欧元。药品费用减少的主要原因是原研药和仿制药的大幅降价、仿制药市场份额的提高，仿制药较高的市场份额与较低的价格相结合，将进一步实现药品费用的节约[185]。Dazon等（2015）在针对中低收入国家的跨国交叉药物分析中重点关注艾滋病毒/艾滋病、结核病和疟疾药物，研究发现更高的人均收入和收入不平等导致更高的药品价格，但是集中采购可以降低药品价格[186]。Kim等（2017）通过WHO于2004年至2013年发布的全球价格报告数据发现，集中采购使依法韦仑的价格降低了16%至19%[187]。Seidman等（2017）对PubMed、Embase、CINAHL和卫生经济评估数据库提供的38篇论文进行了文献综述，这些文章提出通过集中采购可以节省药品费用[171]。Pérez等（2019）通过哥伦比亚卫生部的数据分析了实施集中采购政策后丙肝药物的价格变化和临床结果发现，该政策不仅使得丙肝治疗的直接医疗费用降低90%以上，也保证了丙肝患者的治愈率[188]。Dubois等（2021）使用来自七个具有不同药品采购体系的中低收入国家的数据评估集中采购对药品价格的影响，研究发现公共部门集中采购导致药品价格下降，当供给侧更加集中时，引起的降价幅度较小[189]。Ferraresi等（2021）运用医院机构财务数据，通过DID分析发现，意大利部分地区医疗实施集中采购后，人均医疗支出大约减少了2%至8%[190]。

尽管集中采购政策在短期内通过降低药品费用而节省了医药费用，但长期的后果并不都是有益，比如，集中采购内容要求的单一供应招标最终带来因产能不足而导致供应不足的问题[191]。不仅药品供应可能面临压力，供应链参与者也可能面临困境。在一些国家，由于医疗机构人员收入部分依赖药价，加上集中采购中因为低价中标导致药价下降，使得医疗机构人员收入下降，可能会影响这些机构为患者提供的医疗服务水平，从长远来看，集中采购可能危及仿制药和原研药行业的可持续性[192]。尽管这些集中采购的研究通常用价格比较作为评估集中采购是否成功的主要标准，特别是将药品价格是否降低作为衡量标准，但事实上其他药品采购流程的组成部分，如交货时间、药品质量和药品供应并没有得到重点关注[193]，这些因素也影响集中采购的效果。

目前国内有关国家集采政策效果评估的研究刚刚起步，主要以实证分析为主。在省市实证分析方面，各地药品集中招采政策的实施并没有带来药品价格水平的显著降低，也难以抑制患者日益增长的药品费用负担[194]，有研究表明集中招标采购政策短期内能够降低药品价格，但是对于药品的质量保证和供应方面需要进一步提升[195]。不同省份实施效果存在差异，安徽省和河南省的价格降幅较为明显[196]。招标价格的变化可能受中标企业数量的影响[197]。集中招标采购也对医院产生了影响，主要表现为医院的药品收入占总收入的比重逐年下降，药品供应不足[198]。另外，集中采购规制并非总是降低制药企业的创新激励，而是受到平台收费模式的影响，并在一定程度上影响药品市场的配置效率[199]。这是因为自从实施药品集中采购政策以来，我国药品集中采购存在诸多问题，比如招标主体和采购主体的分离、采购数量和采购价格的不相关、竞标市场上的竞争不充分等问题，难以抑制药品价格的快速增加[200]。国家在各地对药品集中采购进行试点，遵循以市场为主导的价格形成机制，通过用量合同来获得合理价格，推动药品降价[201]。

目前对国家集采的研究除了对政策的介绍[202, 203]、采购价格在实施前后的比较[204]及集采相关药品的价格指数的变化[205]以外，还涉及对某个品种的变化分析，如抗精神病药[206, 207]、调血脂药[208, 209]、调血糖药[210]、降压药[211]等，和在某医院的实施情况[212, 213]。有研究关注了政策对制药企业创新的影响[214]，也有研究对政策实施后患者药品费用和医保支出的变化进行了分析[215]。Chen（2020）等基于2019年深圳药品集中采购调查数据，运用指标体系分析法评估了政策对相关的23个品种（包括中选品种和非中选品种）和15个基本替代品种采购数量和采购金额的影响，研究发现，中选品种的采购金额大幅下降，但对基本替代品种影响不大，其药物利用和药物采购金额在政策实施前后均呈现缓慢增长趋势[216]。Yang（2021）等同样根据2019年深圳药品集采调查数据（2018年1月至2019年12月），选取与国家集采政策相关的口服抗生素药物作为研究样本，采用时间序列间断回归分析检验政策效果，研究表明，政策实施后，被纳入集采的抗生素药物数量增加了，原因除了与低价带来的用药需求释放有关，也与完成中选品种的合同约定使用量有关，这可能会引起抗生素药物过度治疗从而加剧抗生素药物的耐药性问题的严重程度[217]。Wang（2021）等根据中国药品供应信息平台（CDSIP）数据库中9个试点城市和12个非试点省份的药品采购数据，通过双重差分法分析，发现政策促进了仿制药对原研药的替代使用，有利于节约药品费用，此外，公立医疗机构药品使用的总体质量水平也明显提高[218]。集中采购形式除了招标外，对于替代品种较少的原研药或者独家品种则主要通过价格谈判形式进行采购。价格谈判使得澳大利亚专利药价格水平稳定合理，并且也能够控制过快增长的专利药费用[219]。从我国价格谈判执行实际情况来看，由于存在谈判主体与执行主体不一致的情况，这就使得难以对双方优势进行有效和充分的整合，并且出现谈判药品后续管理问题[220]。张湛等人（2017）通过问卷调研来对四地（江西省、江苏省、成都市、青岛市）的医保经办机构及医药企业人员进行访谈，发现虽然药品医保谈判机制整体实现了降价的目的，并且整个体系运行较好，但仍存在诸多不足之处，比如谈判准备阶段所需的依据材料收集不充分、患者取药用药流程繁复、谈判双方地位不平等、基金向药企方支付不及时[221]等。

3.5 文献述评

3.5.1 政策因果关系方面

关于药品价格规制政策效果评估的研究虽然较多，但是对政府规制药品价格的理论基础方面的研究有待完善。国外基本是医药分开的，因此关于药品价格的规制相对简单，主要集中在药品定价的方法/规则方面。而中国因为存在“以药养医”的情况，导致医药不分，需要同时考虑药品市场和医疗服务市场的相互作用，因此药品价格规制不仅更复杂，而且难度也更大。国内学者在政府规制药品价格的理论依据方面还存在分歧，尚未形成比较完整的药品价格规制分析框架。以往文献中一部分采用调查、访谈等方式对药品价格规制政策的效果指标进行了描述性统计，还有一部分基于微观数据采用计量方法进行了相关性分析。

3.5.2 政策研究内容方面

政策研究内容主要是指对政策本身的研究和讨论。以往研究多集中于政府药品调价政策的实施效果，尚无文献对取消限价政策效果进行定量评估，因此需要补充对其政策实施效果的评估以提供经验证据。针对取消加成的研究主要集中于对全国范围的县级公立医院的分析，并且以试点时期的数据为基础。有关城市公立医院的研究没有涉及推广之后的数据分析，且都是以某一家或者某几家医院的数据为基础，缺乏医院规模异质性。因此除了需要补充取消加成政策在省级层面的实施效果外，也需要选择特定医院类型进行比较以减少医院规模带来的估计误差。目前对国家集采的研究除了对政策的介绍和对采购价格实施前后的比较，还涉及对某个品种的变化分析或者在某医院实施情况的数据分析。因此需要补充更多的试点地区与非试点地区的比较结果来作为首轮国家集采实施的经验证据。

3.5.3 政策研究数据方面

目前有关中国药品价格规制政策的国内外文献中，因为研究视角不同而选择的数据存在差异，得到的研究结果和结论并不统一。比如，多数研究立足于某个地区或某个医疗卫生机构的数据，选择特定品种或者部分品种的药品来对药品价格规制政策效果进行评估，在政策实施初期，这样的初步探索研究是必要的，不仅能够及时反馈政策实施情况，也为后续研究在数据的指标和来源上提供参考和借鉴。但是，随着政策的推进，要求从更宏观的层次及视角对政策的整体进行评估，这就需要结合理论模型通过更丰富的数据进行实证分析，以更好地补充政策实施效果的经验证据。

4 中国药品价格规制的发展历程

自新中国成立以来，我国始终不断结合社会经济发展状况对药品价格规制政策进行调整。本书在以往研究的基础上，将药品价格规制按照新医改实施时间划分为两个阶段：首先简单介绍了新医改前的药品价格规制，然后系统整理了新医改后的三项主要药品价格规制的发展过程，包括政策背景、政策内容和政策目标。

4.1 新医改前的药品价格规制

4.1.1 计划经济时期

规制环境方面，计划经济时期，我国政府借鉴苏联计划经济的发展模式，建立了强调计划经济的中央计划体系，所有社会资源都由中央政府通过国有化过程加以控制[222]。在计划经济体系下，我国建立了高度集中的药品分销系统，政府严格控制药品的审批、生产、分配和价格。国有药品生产商负责生产所有药品；国有的三级药品批发站负责药品的分配（见图 4-1）。一级药品批发站向省级医院分发药品，二级药品批发站向县/市一级的医院分发药品，三级药品批发站向县、乡两级医院分发药品。药品批发价格由中央价格主管部门统一制定，各级地方政府价格部门负责执行和监督[223]。药品生产商的价格是药品成本加上 5%的利润，一级药品批发站比药品出厂价高出 5%，二级药品批发站被允许在一级药品批发价的基础上加价 5%，国有化后属于非营利性工作单位的医院被允许在三级批发价格基础上加价15%[224]，15%的零售加价额用于补偿低于成本的注册和咨询费，以确保尽可能广泛地获得基本医疗服务。高度集中的药品分销系统受到政府的严格控制，缺乏“竞争机制”[225]。药品生产商、药品批发商和零售商缺乏经济动机和动力，因为它们仅遵循政府的生产计划流通和销售药品，药品价格受到政府的严格监管。

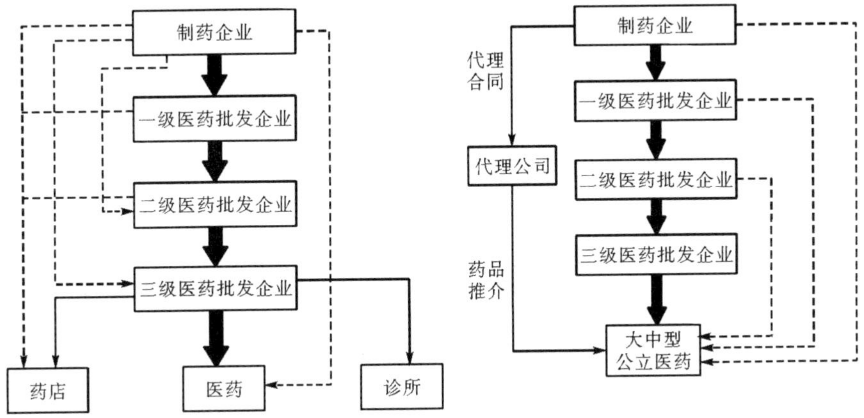

图 4-1 计划经济时期的药品流通及分配

资料来源：朱恒鹏. 医疗体制弊端与药品定价扭曲［J］. 中国社会科学，2007（4）：89-103，206.

规制主体方面，政府成立了单独的药品管理部门，初步形成药品管理分工体系。这一时期，药品监管部门主要挂靠卫生部门。1950 年，卫生部医政局成立单独的药政处，整合原先分散在其他部门（如化工部、商业部与原卫生部等）与药品有关的管理职能（药品生产、流通和监管等）。

规制内容方面，计划经济时期，药品的生产和流通也遵循计划经济。在计划经济下的药品生产流通体系中，医药企业实行计划生产、统购统销，并且价格也被统一控制，分级管理。药品价格受到国家全面控制，由物价部门按生产流通链条逐级审定，分别制定出厂价、批发价、零售价。公立医院用药由卫生行政部门统一采购调配，执行政府定价，“以药养医”

格局形成。

4.1.2 改革开放后的市场化探索

规制环境方面，党的十一届三中全会后，党中央决定实施经济改革。第一，促进市场机制进行资源配置和分配；第二，强调经济责任，并在经济体系中加入了物质激励措施；第三，通过提高工作效率来提高经济效率，减少官僚主义的经济集中管理，同时赋予企业单位更大的自主权，以决定生产什么、生产多少以及在哪里销售，企业单位对自己的利润或损失负责；第四，经济改革的实施极大地影响了药品流通体系和药品价格的发展。在市场经济条件下，药品分销系统变得更加复杂和更具竞争力。政府决定让市场力量来决定大多数药品的价格，导致药品零售价格在1985—1996年呈两位数增长[224]。从1980年到1990年，中国的药品生产企业从大约800家增加到1 761家[226]。由于实行开放政策，进口药品也进入了药品市场。在20世纪80年代中期，政府在医院融资中采取了成本回收政策，政府补贴减少。自20世纪80年代后期开始，药品生产商已经开始聘用药品销售代表来销售药品[226]，激励药品销售代表卖出更多药品，以达到销售目标并获得更多佣金，并诱使在医院药房工作的员工通过销售代表购买更多药品，再由医生开处方进行销售。市场经济体系下的三层药品批发站配送模式显得有些僵化而逐渐被放弃。药品批发企业也有多种形式，包括国有企业、集体企业和独资企业。药品分销渠道增加，药品生产商可以自由选择药品批发商。在2000年建立药品集中采购体系之前，医院可以直接从药品生产企业购买药品，还可以从其他地区的批发商那里购买药品，而不是被限制从其所在地区的批发商那里购买。在经济改革下，公立医院的运作就像营利性组织一样。

规制主体方面，在改革开放政策指导下，党中央调整原先的计划经济政策为社会主义市场经济政策，1978年，国务院成立药品监管总局，直属国务院，极大地提升了药品管理部门的行政级别；随后，国务院于1981年发布的《国务院加强医院管理的决定》标志着开始进行医药卫生社会主义市场经济改革；1982 年，药品监管总局改名为国家医药管理局（以下简称“国家医管局”），由原先直属国务院重新划归国家经济委员会管理，卫生部药政局保留监管职能。这一时期药品管理部门的思路主要是配合国家整体的经济环境。与原先计划经济时期的将医药卫生作为公共事业不同，改革开放后，政府部门将医药卫生作为经济事业，开始有意减少对于医药卫生主体的直接干预，但在这一社会转型、经济转轨时期，政府职能转变滞后于医药市场的发展。

规制内容方面，在这个时期，主要是对公立医疗卫生机构经济补偿机制进行了调整，加大了价格收费和药品加成的补偿力度。在 1978 年之前，公立医院一半以上的收入来自政府拨款，但是，自改革开放后，受到政府拨款投入调整政策影响，公立医院在 1980 年的医院收入中只有 30%来自政府拨款。1985 年国务院批转卫生部的公立医院改革相关文件，通过放权让利来扩大医院自主权，即医院可以留存使用医院收支结余，医院在扩展规模、购置设备和服务方式等方面具有自行决定的权利。1989 年国务院批转了卫生部、财政部等多个部门进一步扩大医疗卫生服务改革的文件，在文件中明确了医疗服务价格改革和医疗卫生机构通过市场收费补偿等政策，强调市场收费在医院经济运营中的主体作用。1992 年，国务院发布深化医疗卫生体系改革文件，强调医疗卫生机构“建设靠国家，吃饭靠自己”，进一步明确了国家对公立医院投入的范围，即基本建设由政府投入、医院运行费用包括人员部分收入需要依靠医药价格和药品加成。这一时期的改革，政府的主导思想是“给政策不给钱”，其目标是提高医疗卫生机构经济运行效率和活力，增加全社会对医疗卫生的投入，获得医疗卫生机构发展所需的经济支持。

为了更好地匹配社会主义市场经济，我国在该阶段改革了原先计划经济下的药品生产流通体制，这次改革内容主要涉及药品销售、药品价格以及公立医院药品采购领域。除了进行体制改革外，政府也开始对供给端的原国有专营医药企业进行改革，1980 年开始不断淘汰效率低下的医药企业，并对整体医药产业的布局重新进行了调整。在这个阶段，药品流通体系将计划经济时期的三级批发企业改革和调整为国有医药公司，同时取消统购统销、按级调拨等计划生产和分配模式，减少药品出厂到销售的中间流通环节，拓宽药品的流通渠道。国家医管局自 1985 年起连续两年发布了一系列药品价格管理政策文件，这些文件的主要目的是缩小政府对药品定价的职能，同时扩大医药企业药品自主定价权限。多管齐下的改革措施造成的结果就是，医药生产企业和医药流通企业大量进入市场造成无序的市场竞争，医院因为财政收入的减少转而通过把控药品购销主导权来填补亏损。为解决医药市场上的混乱竞争秩序，1984 年，第六届全国人民代表大会常务委员会第七次会议通过了《中华人民共和国药品管理法》，强调了药品监督管理等相关内容，随后，国家医管局发布一系列相关药品质量管理规范的文件对药品质量进行进一步约束，完善了医药行业监督管理标准。根据表 4-1药品价格规制市场化探索时期的相关政策一览可以发现，药品价格规制主体主要由卫生相关行政部门出台，且政策主要与价格规制办法有关。

表 4-1　药品价格规制市场化探索时期的相关政策一览（1978—1995 年）

发文类别	发文时间	发文部门	发文标题
药品价格	1979	卫生部等两部委	关于改进医疗机构药品管理的通知
药品采购	1981	国务院	关于加强医药管理的决定
药品价格	1982	国家医管局	关于认真贯彻执行《国务院关于坚决稳定市场物价的通知》的通知
药品价格	1982	国家医管局等	关于加强中药市场的中药价格管理的通知
药品价格	1986	国家医管局等	关于加强中药材价格管理的联合通知

表4-1(续)

发文类别	发文时间	发文部门	发文标题
药品价格	1986	国家中医药管理局	医药商品价格下放省、自治区、直辖市管理的品种目录的通知
药品价格	1986	国家医管局	关于颁发《医药商品价格管理目录》的通知
药品价格	1987	国家医管局	关于认真贯彻执行《中华人民共和国价格管理条例》加强医药价格管理的通知
药品采购	1989	卫生部	关于加强医疗单位药品采购管理工作的通知
药品价格	1990	国家医管局等	关于加强进口医药商品价格管理的通知
药品价格	1990	国家医管局	进口医药商品价格平衡细则（试行）
药品采购	1990	国务院	批转国家医药管理局《关于进一步治理整顿医药市场的意见》
药品价格	1990	国家医管局	关于进口药品平衡价格有关问题的补充通知
药品价格	1990	国家物价局等	关于整顿中药价格的通知
药品采购	1992	卫生部	关于重申“加强医疗单位药品采购管理工作”的通知

资料来源：作者根据北大法宝网（http://pkulaw.cn/）检索整理。

4.2 新医改后的药品价格规制

4.2.1 规制环境及规制主体

规制环境方面，由于开放市场和放松药品价格规制导致药品价格急剧上涨，引起了公众的极大不满。针对药品价格高企，政府采取了措施来降低药品价格，但是，政策效果并不明显，药品价格并未普遍下降，还带来医药市场生产和流通方面的混乱，比如药品购销中存在行贿、索贿、回扣等现象。为了解决这些问题，国务院从1994年起连续发布多个政策文件探索医药价格和医院经济管理的监督和管理方式。国家计划委员会（以下简称“国家计委”）通过其1996年发布药品价格管理的政策来探索对药品价格的规制，这些政策主要包括药品价格调整、药品购销顺加制度。从1996年到2012年，国家发展改革委使用价格上限政策对药品价格进行了多达37次的调整（见表4–2）。大多数降价药品迅速从市场上消失了。药品生产商和医疗机构存在谋取利益的动机。药品生产商一旦发现降价药品无利可图，便会转而生产其他可赚取更多利润的药品。同样，医院也不会购买降价药品，因为用这些药品开处方会减少医院和医生的回扣，医生将选择其他昂贵的药品来代替降价药品[99]。

表4–2　1996—2012年药品价格调整政策一览

关键词	年份	发文单位	文件名
价格调整	1996	国家计委	关于调整避孕药品价格的通知
价格调整	1996	国家计委	关于调整部分生物制品价格的通知
零售价格	1999	国家计委办公厅	关于核定盐酸万拉法新等10种中管国产药品零售价格的通知
零售价格	2000	国家计委	关于调整头孢拉定等9种中管国产药品零售价格的通知
零售价格	2000	国家计委	关于调整氨苄青霉素等部分中管国产药品零售价格的通知
零售价格	2000	国家计委办公厅	关于核定乌司他丁等11种中管国产药品的零售价格的通知
零售价格	2000	国家计委办公厅	关于核定乌灵等10种中管国产药品零售价格的通知
零售价格	2000	国家计委办公厅	关于核定阿托伐他汀钙等8种中管国产药品零售价格的通知
零售价格	2000	国家计委办公厅	关于核定肤疡散等中管国产药品零售价格的通知
零售价格	2000	国家计委办公厅	关于核定白芍总甙胶囊等7种中管国产药品零售价格的通知
零售价格	2000	国家计委办公厅	关于核定来氟米特等部分中管国产药品零售价格的通知
零售价格	2001	国家计委	关于制定公布49种中成药零售价格的通知

表4-2(续)

关键词	年份	发文单位	文件名
零售价格	2001	国家计委办公厅	关于公布雷替斯等 12 种药品零售价格的通知
零售价格	2001	国家计委办公厅	关于促肝细胞生长素注射液零售价格的通知
零售价格	2002	国家计委办公厅	关于降低佳息患等 3 种进口药品零售价格的通知
零售价格	2003	国家计委	关于公布 267 种中成药最高零售价格的通知
价格调整	2005	国家发展改革委	关于调整部分计划免疫药品价格的通知
零售价格	2005	国家发展改革委	关于降低头孢呋辛等 22 种药品零售价格的通知
零售价格	2006	国家发展改革委	关于制定阿霉素等抗肿瘤药品最高零售价格的通知
零售价格	2006	国家发展改革委	关于制定青霉素等 99 种抗微生物药品最高零售价格的通知
零售价格	2006	国家发展改革委	关于制定华蟾素注射液等 32 种中成药肿瘤用药最高零售价格的通知
零售价格	2006	国家发展改革委	关于精氨酸等 354 种药品最高零售价格的通知
零售价格	2007	国家发展改革委	关于制定九味羌活颗粒等 278 种中成药内科用药最高零售价格的通知
零售价格	2007	国家发展改革委	关于制定追风透骨片等 188 种中成药最高零售价格的通知
零售价格	2007	国家发展改革委	关于制定吡喹酮等 260 种药品最高零售价格的通知
零售价格	2007	国家发展改革委	关于制定进口西吡氯铵含片临时最高零售价格的通知
零售价格	2007	国家发展改革委	关于制定粘菌素等部分药品最高零售价格的通知
价格调整	2007	国家发展改革委办公厅	关于调整部分含天然麝香药品价格的通知
价格调整	2007	国家发展改革委办公厅	关于调整对乙酰氨基酚分散片等部分药品定价权限的通知

表4-2(续)

关键词	年份	发文单位	文件名
零售价格	2008	国家发展改革委办公厅	关于广东降低氯唑西林等部分药品零售价格有关问题的复函
零售价格	2010	国家发展改革委	关于降低头孢曲松等部分药品最高零售价格的通知
零售价格	2011	国家发展改革委	关于调整部分抗微生物类和循环系统类药品最高零售价格的通知
价格调整	2011	国家发展改革委	关于调整激素、调节内分泌类和神经系统类等药品价格及有关问题的通知
价格调整	2012	国家发展改革委	关于调整消化类等药品价格及有关问题的通知
价格调整	2012	国家发展改革委	关于调整免疫、抗肿瘤和血液系统类等药品价格及有关问题的通知
价格调整	2012	国家发展改革委	关于调整呼吸解热镇痛和专科特殊用药等药品价格及有关问题的通知

资料来源：作者根据北大法宝网（http://pkulaw.cn/）检索整理。

自2000年以来，政府对药品进行了集中采购，要求医院采购被纳入集中采购目录品类的药品时仅向中标企业下达订购单。其主要目的是：控制药品价格并确保医院使用高质量药品。2009年起，国务院通过医疗保险来对医药系统进行改革，并且建议采用混合支付方式以改善公立医疗机构的补偿机制，此外还包括简化患者费用补偿程序和解决流动人口就医报销等措施，主要目的是控制费用和方便居民就诊[154]。

规制主体方面，国务院机构改革为关注药品价格规制主体的变动提供了很好的观察视角。国务院在1998年的机构改革中，将国家医管局、卫生部药政局等单位合并组建为新的国家药品监督管理局，直属国务院，其机构职能主要是对药品研发、生产、流通、使用全程实行监督管理。国务院2003年的机构改革中对国家药品监督管理局的机构职能进一步扩大，组建了国家食品药品监督管理局；而在2008年的机构改革中将国家食品药品监督管理局划归卫生部管理。因此，在这个时期，由卫生部推动药品相关事务的监督和管理，药品价格规制也与国家发展改革委等部门一起进行。2018年成立的国家医保局，统一负责基本医疗保险、生育保险及社会救助的政策规划及实施等工作，并对我国医疗保障制度进行统一管理，从组织架构上重新定位了医保制度的职责、职能和功能。国家医保局同时负责组织制定和调整药品、医疗服务价格和收费标准及药品和医用耗材的招标采购政策制定及实施的相关事宜。2018年国务院发布的完善基本药物的文件中对采购配送机制提出了完善的要求，并且要求充分考虑药品的特殊商品属性，通过发挥政府和市场两只手的作用，在坚持集中采购主要方向的基础上进一步落实药品分类采购，以此引导形成合理价格。

然而，通过国务院机构改革关注与药品价格规制有关的部门职能变动仅提供了一个较为粗略的框架，仍需进一步通过分析与药品价格有关的工作内容来对规制主体进行更加细致化的梳理，这就要求需要寻找一个新的研究视角。本书发现，自2009年起，国务院办公厅每年公布深化医疗卫生体制改革重点任务，其中就包括药品价格规制的相关内容。然而每年药品价格的任务不同，相应的负责部门也存在差异。本书通过检索每年重点任务中与“药品”“价格”有关的内容，进行了归纳和梳理（见表4–3）。

表4–3 与药品价格有关的医改重点工作一览（2009—2021年）

年份	主题	主要内容	负责部门
2009	基本药物	制定和适时调整零售指导价，监测市场价格	国家发展改革委
2010	改革公立医院补偿机制	指导试点地区合理确定药品价格	国家发展改革委、卫生部
2010	建立规范基本药物采购机制，重塑基层药品供应保障体系	指导价格动态调整和分类管理，对价格稳定和供应充足的品种探索统一定价	国家发展改革委
2011	控制医药费用过快增长	对新进入医保目录药品制定统一价格	卫生部、国家发展改革委、财政部、人力资源社会保障部
2012	改革药品价格形成机制	制定最高零售指导价格	国家发展改革委

表4-3(续)

年份	主题	主要内容	负责部门
2012	健全医药卫生监管体制	加强医疗服务收费和药品价格监督检查	卫生部、人力资源社会保障部、国家发展改革委
2013	完善药品价格形成机制	参考市场交易价格制定政府指导价格	国家发展改革委、国家卫生计划生育委、人力资源社会保障部、财政部、工业和信息化部、国家食药局
2014	改革完善药品价格形成机制	健全药品价格监测，改进药品定价方法	国家发展改革委、人力资源社会保障部、国家卫生计划生育委
2015	健全药品供应保障机制	积极推进药品价格改革，与药品集中采购、医保支付方式等改革政策衔接	国家发展改革委、国家卫生计划生育委、人力资源社会保障部
2016	健全药品供应保障机制	进一步完善药品价格形成机制，强化药品价格行为监管	国家发展改革委、国家卫生计划生育委、人力资源社会保障部
2017	重点工作	药品出厂价格信息追溯	国家食药局、国家发展改革委、工业和信息化部、税务总局、国家卫生计划生育委
2017	重点工作	增加国家药品价格谈判品种的数量，做好价格谈判与医保等政策的衔接	国家卫生计划生育委、人力资源社会保障部
2018	大力推进药品供应保障制度建设	开展药品国家集中采购试点，明显降低药品价格	国家医保局、国家卫生健康委、国家药监局
2019	重点工作	扎实推进国家组织药品集中采购和使用试点	工业和信息化部、国家卫生健康委、国家医保局、国家药监局
2020	健全药品供应保障体系	做好短缺药品保供稳价工作，建立健全药品耗材价格常态化监测预警机制，加强国内采购价格动态监测和国外价格追踪	工业和信息化部、国家卫生健康委、市场监管总局、国家医保局、国家药监局
2021	增强药品供应保障能力	完善短缺药品保供稳价机制	工业和信息化部、国家卫生健康委、国家药监局

资料来源：作者根据中国政府网（http://www.gov.cn/）国务院文件部分检索整理。

尽管2009年新医改明确提出改革药品价格形成机制，但前三年重点工作推进中并无相关内容的表述，与药品价格有关的内容主要为由国家发展改革委主导的以政府指导价（或统一定价）为主的价格调整；在2012年到2016年这四年期间，不仅明确将改革药品价格形成作为主要工作，负责部门也由国家发展改革委扩展到卫生部门和人力资源社会保障部。除了2017年仅涉及出厂价格监测外，此后国家发展改革委不再涉及药品价格的相关工作。自2018年起开始实施国家集采后，新医改中与药品价格有关的重点工作由药品价格形成机制转向药品供应保障，国家发展改革委和人力资源社会保障部不再参与其中，而由国家卫生健康委、国家医保局、国家药监局等多部门负责。

4.2.2 药品限价政策

自1996年以来，我国通过直接定价、参考定价和市场定价三种定价方法来对药品价格进行规制。政府还经常颁布药品价格法规，出台了约30项降价政策，对受管制药品清单进行了调整，其中包括900多种中药和2 000种西药[2]。平均而言，药品价格降低了15%~20%[118]；在2000年之前，法规主要针对进口药品和大约200种常用药品；2000年后，受调整药品的范围扩大了。2008年，国家发展改革委宣布每两年一次的大规模降价转为精细调整。从那时起，大多数价格法规都进行了向上的价格调整。2010年12月，政府部门试图重新通过政府指导价来降低价格。这一时期出台的价格管理政策通常是针对某些类型的剂量和包装（例如片剂，胶囊剂或注射剂），而不是针对一种药物的所有类型的剂量和包装。例如，2006年8月，政府部门设定了99种药品的最高价格上限，涉及约400种剂量和包装。这一举措意味着企业可以通过将其剂量或包装更改为不同于最高价格上限规定范围内的400种剂量或包装来逃避法规。

国家发展改革委等部门在2015年5月取消了绝大部分药品的最高限价。除了规定的部分品种外，大多数药品的价格不再受国家发展改革委的直接价格规制，这种“取消原政府制定的药品价格”背后的逻辑是最大限度减少政府对药品价格的直接干预，从而推进药品价格改革、建立科学合理的药品价格形成机制。但是减少直接干预并不意味着完全放手不管，而是强调用更灵活的手段来“管”，从源头定价转向对需求“预算约束”进行控制，完善药品采购机制，发挥医保控费作用，药品实际交易价格主要由市场竞争形成。

根据表 4-4 药品价格管理相关政策一览可以发现，除了价格调整政策之外，这一时期的药品价格规制管理意见仍然较多，而且以改革和整顿为主，且发文部门由原先的卫生部门调整为了国家发展改革委（含原国家计委）。

表 4-4　药品价格管理相关政策一览

年份	发文部门	文件名称
1996	国家计委	关于发布《药品价格管理暂行办法》的通知
1997	国家计委	关于印发《药品价格管理暂行办法的补充规定》的通知
1998	国家计委	关于认真贯彻执行药品价格作价有关规定的通知
1998	国家计委	关于完善药品价格政策改进药品价格管理的通知
1999	国家计委	关于降低药品“虚高”价格有关政策问题的通知
1999	国家计委	关于进一步做好降低药品“虚高”价格工作有关问题的通知
2000	国家计委	印发关于改革药品价格管理的意见的通知
2000	国家计委	关于改革药品价格管理的意见
2000	卫生部	卫生部关于卫生机构严格执行国家药品价格政策的通知
2001	国家计委	关于集中招标采购药品有关价格政策问题的通知
2003	国家发展改革委	关于进一步规范药品政府价格行为的通知
2004	卫生部	关于进一步加强医疗机构医疗服务和药品价格管理的通知
2004	国家发展改革委	关于印发《集中招标采购药品价格及收费管理暂行规定》的通知
2004	国家发展改革委等	关于进一步加强医药价格监管减轻社会医药费负担有关问题的通知
2006	国家发展改革委等	关于进一步整顿药品和医疗服务市场价格秩序的意见的通知
2008	卫生部	关于加强医疗机构价格管理控制医药费用不合理增长的通知

表4-4（续）

年份	发文部门	文件名称
2009	国家发展改革委等	关于印发改革药品和医疗服务价格形成机制的意见的通知
2012	国家发展改革委等	关于推进县级公立医院医药价格改革工作的通知
2014	国家发展改革委	关于改进低价药品价格管理有关问题的通知
2015	国家发展改革委等	关于印发推进药品价格改革意见的通知
2016	国家卫生计划生育委	关于公布国家药品价格谈判结果的通知
2019	国家医保局	关于印发《关于做好当前药品价格管理工作的意见》的通知

资料来源：作者根据北大法宝网（http://pkulaw.cn/）检索整理。

4.2.3 药品加成政策

自1954年起，我国提出了药品加价政策，允许县级以上医疗卫生机构以不超过药品实际单价15%的价格出售药品。这一政策旨在缓解公立医院收入不足的困境，维护医院的生存和发展空间，对改善医院经营状况起到了积极作用[227]。自1978年改革开放后，政府决定放松对医疗机构的规制，将部分利润返还给医院本身，使医院能够按照市场需求组织医疗活动。因此，医院逐渐转向以市场为导向，开始鼓励医生以自我管理的权力开出多余的药品，因为他们的个人收入与药品利润挂钩。医药市场逐渐出现了超量开药和患者经济负担过重的现象。

在2009年新医改中，取消加成政策原先只作为基本药物计划的组成部分，从基层医疗卫生机构开始逐步实施，然后进一步在几个地方县市试点实施，最后扩大到全国范围。取消加成政策的实施旨在缓解因经济刺激而导致的过度开药状况，减轻公众的经济负担。因此，取消加成政策的核心目标是通过取消处方与药品销售的挂钩来减少对中间药品利益的追求，最终减轻公众的医疗负担。随着取消加成政策在不同地区逐步实施，当地政府和卫生部门增加了对医院的补贴以弥补其收入的损失。

国务院 2012 年发布文件开始进行全国范围内的县级公立医院的改革试点，并明确将公立医院收入来源从服务收费、药品加成收入和财政补助三个渠道中减少药品加成收入这一项，只保留服务收费和财政补助两个渠道。根据国务院办公厅 2015 年发布的文件，我国开始全面取消县级公立医院药品加成。同年 5 月，国务院办公厅发布城市公立医院试点取消加成的通知。长达八年的取消加成政策被分为“基本药物—县级公立医院试点—县级公立医院全面实施—城市公立医院试点—城市公立医院全面实施”五个阶段[228]，取消加成政策的实施是公立医院改革的内容之一，相关政策见表 4-5。在全面实施该政策前，政府根据区域分布比例、城市代表性等因素来选择试点城市。因为国内外都没有可供借鉴的经验，2010 年到 2014 年的取消加成政策只能通过不断总结试点城市的经验然后进行调整。自 2015 年以来，取消加成政策在县级试点公立医院的四年试点中取得了初步成效，在中央政府和地方政府的双重推动下，取消加成政策进入了快速推广阶段，到 2017 年 9 月底，改革实现了各级公立医院的全面覆盖。从整体上看，实施取消加成政策基本表现为早期缓慢进行，中期迅速推进，后期全面落地。

表 4-5 公立医院改革相关政策一览

年份	发文部门	文件名称
2012	国务院办公厅	关于县级公立医院综合改革试点意见的通知
2012	卫生部等	关于确定县级公立医院综合改革试点县的通知
2014	国家卫生计划生育委等	关于确定县级公立医院综合改革第二批试点县的通知
2015	国务院办公厅	关于全面推开县级公立医院综合改革的实施意见
2015	国务院办公厅	关于城市公立医院综合改革试点的指导意见
2015	国家卫生计划生育委等	关于同步推进公立中医医院综合改革的实施意见

表4-5(续)

年份	发文部门	文件名称
2018	国家卫生计划生育委等	关于巩固破除以药补医成果持续深化公立医院综合改革的通知

资料来源：作者根据北大法宝网（http://pkulaw.cn/）检索整理。

4.2.4　集中采购政策

我国从2000年开始实施以地市为单位的集中采购模式，同年7月，卫生部等五部委联合发文决定在河南省、海南省、厦门市和辽宁省省直单位率先开展集中采购试点工作。在总结各地区试点工作经验的基础上，2001年11月，卫生部等六部委相继发文对药品的采购方式、组织程序、合同管理及价格做了规范与调整，并决定正式在全国施行以医疗机构为主体、以地市为最小单位、以招标代理机构为中介的药品集中招标采购模式，从而确立了我国药品集采制度的初步架构。

2004年9月，卫生部等六部委联合发文，要求各地把采购支出80%以上药品纳入集采目录，同时降低药价，并鼓励以省为单位开展药品集中采购工作。同年11月，国家发展改革委也专门发文针对集中采购的药品价格问题做出调整，文件规定集采药品实行以中标价为基础顺加规定流通差价率的作价方法。但以中标价顺加作价方法使得公立医院缺乏采购低价药品的积极性。因此各地也陆续将采购单位提升到省级层次，随着各地的积极探索，也相继出现了四川省和广东省的“挂网竞价采购”、闵行模式、曲靖模式、宁夏三统一等采购模式。各地区的成功经验为全面推行以省为单位的集中采购创造了有利条件。2009年我国进入新医改时期，同年1月，卫生部等六部委发文决定在全国推行以政府为主导、以省（区、市）为单位的医疗机构网上药品集中采购工作，随后国务院办公厅也在2010年12月发文决定对基本药物与非基本药物分别开展集中招标采购，其中基本药物采取“双信封”（经济技术标书和商务标书）招标制度采购。

2015年是我国药品集中采购又一个政策分水岭，随着同年“7号文”

及“70号文”陆续颁布，我国不再对基本药物和非基本药物分别招标采购，药品集中采购模式也转变为由政府引导的分类采购，按照以省为单位、平台互通、两标合一等原则对公立医院所有药品开展药品集中采购工作。同期以三明联盟、京津冀联盟等为代表的区域性联合采购模式也相继成型。为了确保政策落实到位，国家卫计委等七部委也在2017年4月联合发文决定实施取消加成政策，药品不再顺加作价。但这一阶段招采分离与量价脱钩的本质问题始终没有得到解决。2018年3月国家医保局挂牌成立，负责医保目录制定及医保支付标准动态调整工作，同时指导药品集采规则制定和集采平台建设。同年11月，国家联合采购办公室成立，并发布“4+7”试点城市实施药品集中采购的相关文件，通过选取四个直辖市（北京、天津、上海、重庆）和七个试点城市（沈阳、大连、厦门、广州、深圳、成都、西安）共计十一个城市率先开展国家药品集中带量采购试点，同年12月国家联合采购办公室公布了第一批通过一致性评价的25种中标药品，与试点城市2017年同种药品最低采购价相比，降价效果明显，中选品种平均价格下降52%，最高降幅高达96%，具体结果见表4-6。

表4-6 首轮国家集中采购中选情况

序号	药品通用名	生产企业	剂型	中选前平均价格/元	中选价格/元	价格变化幅度/%	市场份额/%	市场份额/排名
1	阿托伐他汀钙片	北京嘉林	片剂	5.00	0.94	-81.10	17.42	2
2	瑞舒伐他汀钙片	浙江京新	片剂	5.98	0.78	-87.00	6.91	3
3	硫酸氢氯吡格雷片	信立泰	片剂	3.68	3.18	-13.60	30.13	2
4	厄贝沙坦片	浙江华海	片剂	3.04	0.20	-93.40	0.61	11
5	苯磺酸氨氯地平片	浙江京新	片剂	1.88	0.15	-92.10	0.02	23
6	恩替卡韦分散片	正大天晴	片剂	28.06	0.62	-97.80	44.22	1
7	草酸艾司西酞普兰片	四川科伦	片剂	13.94	4.42	-68.30	9.93	3
8	盐酸帕罗西汀片	浙江华海	片剂	4.26	1.67	-60.80	41.47	2
9	奥氮平片	江苏豪森	片剂	24.03	9.64	-59.90	59.99	1
10	头孢呋辛酯片	成都倍特	片剂	0.60	0.51	-14.20	2.63	7
11	利培酮片	浙江华海	片剂	3.24	0.17	-94.80	5.73	6

表4-6(续)

序号	药品通用名	生产企业	剂型	中选前平均价格/元	中选价格/元	价格变化幅度/%	市场份额/%	市场份额/排名
12	吉非替尼片	阿斯利康	片剂	63.00	54.70	-13.20	11.45	2
13	福辛普利钠片	施贵宝	片剂	2.80	0.84	-69.90	82.81	1
14	厄贝沙坦氢氯噻嗪片	浙江华海	片剂	4.40	1.09	-75.20	4.72	4
15	赖诺普利片	浙江华海	片剂	0.26	0.23	-11.60	35.68	1
16	富马酸替诺福韦二吡呋酯片	成都倍特	片剂	6.67	0.59	-91.10	4.02	3
17	氯沙坦钾片	浙江华海	片剂	5.60	1.05	-81.30	6.57	3
18	马来酸依那普利片	扬子江江苏	片剂	0.22	0.56	150.40	76.58	1
19	左乙拉西坦片	浙江京新	片剂	3.78	2.40	-36.50	0.43	3
20	甲磺酸伊马替尼片	江苏豪森	片剂	45.00	10.40	-76.90	12.35	2
21	孟鲁司特钠片	杭州滨江	片剂	6.40	3.88	-39.40	2.71	4
22	蒙脱石散	海南先声	散剂	1.84	0.68	-63.10	3.71	3
23	注射用培美曲塞二钠	四川汇宇	注射剂	1 160.20	2 776.97	139.40	4.28	4
24	氟比洛芬酯注射液	北京泰德	注射剂	12.82	21.95	71.30	98.33	1
25	盐酸右美托咪定注射液	扬子江	注射剂	749.30	532.00	-29.00	<1	\

注：中选前平均价格、市场份额均为2018年数据。

资料来源：作者根据国家联合采购办公室《4+7城市药品集中采购拟中选结果公示表》整理。

十一个试点城市陆续从2019年4月起开展带量采购试点工作。同年9月，国家医保局等九部委联合发文，明确要求要扩大区域范围推行药品集中带量采购。随着试点工作的不断深入，在总结“4+7”试点及扩围政策成功经验的基础上，国家医保局等卫生领导部门相继在2019年12月和2020年7月组织在全国范围内开展第二、三批药品集中采购工作，无论是中选品种范围还是采购金额均大幅提升。至此，我国组织药品集中带量采购迎来制度化、常态化阶段。相比于以往的政府集中招标采购，国家医保局主导的药品集中带量采购做到了招采合一与量价挂钩，在招标前便明确采购数量，药企一旦中标，其销量与市场份额均得到了保障，药品价格也随之大幅降低，并且医疗机构在进行药品集中采购时以实际采购数量与药企进行“二次议价”的现象能够得到改善。

以2015年国家发展改革委取消药品政府定价为标志，药品价格规制政策主要以集中采购政策为代表，随着国家医保局成立，药品价格调整开始进行“以量换价”市场机制的探索，集中采购相关政策一览见表4-7。

表4-7 集中采购相关政策一览

年份	发文部门	文件名称
2000	卫生部	关于加强医疗机构药品集中招标采购试点管理工作的通知
2000	卫生部等	关于印发医疗机构药品集中招标采购试点工作若干规定的通知
2000	卫生部等	关于下发医疗机构药品集中招标采购试点工作计划的通知
2001	国家药监局	关于进一步做好医疗机构药品集中招标采购工作的通知
2001	卫生部等	关于印发《医疗机构药品集中招标采购工作规范（试行）》的通知
2002	卫生部	关于印发《医疗机构药品集中招标采购和集中议价采购工作规范》的通知
2004	卫生部等	关于下发《关于进一步规范医疗机构药品集中招标采购的若干规定》的通知
2009	卫生部等	关于印发《进一步规范医疗机构药品集中采购工作的意见》的通知
2010	卫生部等	关于印发医疗机构药品集中采购工作规范的通知
2015	国家卫生计划生育委	关于落实完善公立医院药品集中采购工作指导意见的通知
2016	国家卫生计划生育委等	关于做好国家谈判药品集中采购的通知
2016	医改办等	关于在公立医疗机构药品采购中推行“两票制”的实施意见（试行）的通知
2018	国家联合采购办公室	4+7城市药品集中采购文件（GY-YD2018-1）
2019	国务院办公厅	关于印发国家组织药品集中采购和使用试点方案的通知
2019	国家医保局	关于国家组织药品集中采购和使用试点医保配套措施的意见
2019	国家医保局等	关于国家组织药品集中采购和使用试点扩大区域范围的实施意见

表4-7(续)

年份	发文部门	文件名称
2019	医改办	关于以药品集中采购和使用为突破口进一步深化医药卫生体制改革若干政策措施的通知
2020	国家医保局等	关于开展第二批国家组织药品集中采购和使用工作的通知
2020	国家联合采购办公室	全国药品集中采购文件（GY-YD2020-1）

注：医改办全称为“深化医药卫生体制改革工作领导小组办公室”。

资料来源：作者根据北大法宝网（http://pkulaw.cn/）检索整理。

4.3 药品价格规制发展历程的启示

计划经济时期的医药领域因为资源不足、地区需求差异较大，导致不同地区和人群出现医药短缺情况，药品供应保障也面临严峻挑战。因此，对于政府部门而言，保证药品供应比药品质量安全更受重视，负责质量和安全的药品管理部门在规制体系中处于从属地位，国有专营的医药企业的生产经营被纳入政府直接管理和控制。

在经历市场化探索后，作为经济事业的医药行业也需要具有竞争性的市场，特别是仿制药市场。但是这一阶段医药市场秩序的混乱已经严重影响和制约着医药事业的健康发展，因此也需要对医药监管体系进行改革以适配医药事业的发展，对于药品价格规制的改革也同时进行了相应的调整。与此同时，在这一阶段也逐渐确立了社会主义市场经济体制的导向，药品的商品属性被进一步强化，但是药品与一般商品存在区别，医药事业及药品质量和价格也成为这一阶段的政策核心内容。政府部门自“十一五”时期开始提出形成更加完善合理的医药卫生体系，医疗保险和药品流通在这个体系中协调发展，共同推动医药事业的健康发展与可持续发展。至此，我国医药事业自20世纪90年代后期以来与改革开放初期相比已经发生了根本变化，不再面临缺医少药和产品供不应求的困境，而是对药品质量有了更高标准和要求，不仅需要确保药品的安全性、有效性，还需要进一步提高药品的可及性和可负担性。除了政府部门进行价格规制改革外，还要引导医药市场开展规范有序的市场竞争。

新医改前的药品价格关系中，政府部门主动介入药品价格规制，除了多次面向药品厂商进行价格调整外，还通过省市采购平台来探索将医疗机构分散的药品采购集中化，各个主体相互之间的药品价格关系也随之发生了改变，政府部门（国家发展改革委）直接对药品生产商进行价格调整或限制最高零售价、出厂价；药品生产商不再直接与医疗机构进行购销结算，而是通过省级采购平台进行；医疗机构在采购价格的基础上按照比例加价出售给患者。新医改前各个主体之间的药品价格关系见图 4-2。

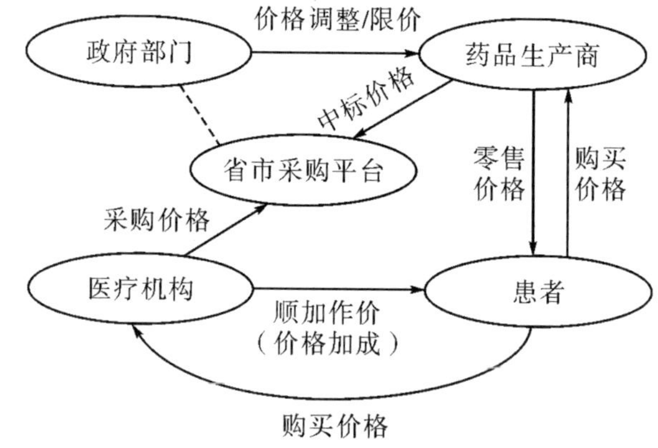

图 4-2　新医改前的药品相关价格

新医改后的药品价格关系中，不仅政府部门的介入程度变弱了，医疗机构和药品生产商之间的药品价格关系也不再那么直接。不仅取消了原先直接面向药品生产商的价格调整/限价，也取消了医疗机构销售药品给患者的价格加成。除此之外，随着 2018 年国务院机构改革新成立国家医保局，原先分散在各部委的药品价格有关职能统一调整到国家医保局。原先价格规制改革时期的医药市场各个主体间的药品价格关系内容也发生了变化。具体来说，由政府部门（国家医保局）管理的医保基金以中标价格向药品生产商进行采购，医疗机构与药品生产商之间只有配送关系而无价格关系，并且医疗机构销售给患者的药品也取消了价格加成。新医改后各个主体相互之间的药品价格关系见图 4-3。

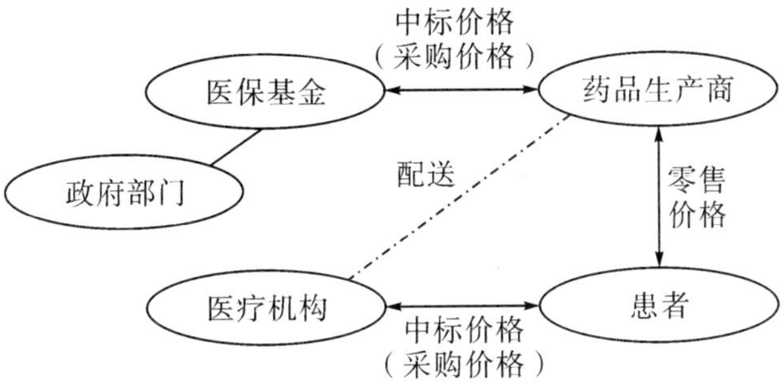

图 4-3　新医改后的药品相关价格

通过上述对药品价格规制政策的发展历程的梳理可以发现：从新中国成立至今，我国药品价格规制经历了“严格规制—放松规制—再规制”的阶段，在药品价格规制政策发展过程中，政府逐渐确认了对药品价格规制的主要方向，即通过市场竞争机制来改革药品价格形成机制从而实现医疗资源的优化配置。围绕不同主体，形成不同的药品价格，这也带来了药品价格规制的复杂性。由于医生是患者的代理人，因此药品价格规制政策主要围绕药品生产商和医疗机构进行。其中，自 2009 年新医改将“改革药品价格形成机制”作为重要内容以来，主要的药品价格规制政策主要有三项，分别是 2015 年取消限价政策，2012—2017 年取消加成政策和 2019 年国家集采政策。但是这三项政策的实施并非一蹴而就。首先，取消限价政策针对的是自 1996 年以来国家计委和国家发展改革委多次针对药品生产商进行的药品价格调整和限价政策；其次，取消加成政策针对的是在公立医院普遍实行的顺加作价政策（即在采购价的基础上加价 15%出售给患者）；最后，国家集采政策则是在省级集中采购政策基础上进一步发展而来。因此了解这三项政策，除了知晓其本身的政策内容以外，梳理政策历史也同样重要，这有助于对政策逻辑的理解和解释。

4.4 本章小结

中国药品价格规制政策的发展经历了两个阶段：一是新医改前计划经济时期的严格规制和改革开放以后的市场化探索，二是新医改后的价格规制改革。从药品价格规制政策的发展历程来看，价格规制政策的出台与当时社会经济发展相适应，特别是自1978年改革开放以来，随着国家的经济体制由计划经济转向市场经济，药品价格规制政策也同样经历了由“计划”向“市场”的转变：由计划经济时期的全面药品价格严格管制到改革开放之初的药品价格市场化的初步探索，再到近年来逐渐加强规制和再次尝试建立以市场为主导的药品价格形成机制的转变。我国始终依据不同的社会环境与经济背景来相应地调整药品价格规制政策，每个阶段的政策环境都有所不同，相应的政策内容和政策目标也有所区别。

除此之外，由于中国药品价格规制的复杂性，单一规制主体的单一规制政策会受到其他因素的影响，很难独立实现其规制政策目标，因此需要出台系列价格规制政策。自2009年新医改以来，由国务院及各部委颁布的药品价格规制政策主要有三项，分别是取消限价政策，取消加成政策和国家集采政策。追溯三项政策的政策渊源，限价政策主要是针对药品生产商，本质上更接近基于成本加成的投资回报率规制[229]，其出台背景是市场改革初期放开价格，但强制市场降价没有充分考虑“以药养医”的机构行为，药品加成政策与其类似，但是其对象是医疗机构，其政策得到强化的背景同样也是市场改革初期政府降低对医疗机构补贴，因此需要通过药品加成的“以药养医”形式来维持医疗机构的持续运作。然而这两项政策都是直接价格规制，需要政府部门能够发现药品相关价格的真实信息，但是，价格随着市场供需变化调整，加上医药市场本身并非完全竞争市场，其市场价格并不一定能反映实际供需情况，这就导致政府价格规制政策滞后甚至失灵，使得原先价格规制政策对象出现行为扭曲从而带来系列问题，比如厂商可以绕开被限价品种而开发新的剂型药品而提高价格、被限价的品种因为低利润而退出市场、医疗机构更加倾向使用价格较高药品从而获得更高的药品费用收入等，这需要政府部门采取更灵活的规制政策，集中采购政策就应运而生，从最初医疗机构自行分散采购到省市级采购平台集中采购，再到由国家医保局主导进行，在这个过程中逐渐强化买方（需求方）力量以期形成规模效应。本书发现不同的药品价格主体使得药品价格内容具有复杂性，如果仅针对一项药品价格进行调整，也必然引起其他主体的药品价格变化，从而在一定程度上可能抵消药品价格规制。因此在讨论药品价格规制政策的时候需要对这些政策同时进行分析。

5 取消药品限价政策对医药市场的影响

2015 年 5 月 5 日，国家发展改革委等七部委发布《关于印发推进药品价格改革意见的通知》，放开了绝大多数药品政府定价，即实施取消限价政策，在这份文件中，其“总体要求”部分明确指出探索建立以医保支付标准和药品采购为核心的药价管理体制[3]，以通过“规范药品市场价格行为”实现促进“药品市场价格保持合理水平”的要求。本书整合医药市场宏观数据库，通过间断时间序列方法，分析取消限价政策对医药价格和医药供应端的影响，同时关注短期内的水平变化和长期的趋势变化，为评估取消限价政策的效果提供具有时效性的经验证据。

5.1 研究设计

5.1.1 实证策略和假设检验

本章主要分析取消限价政策对医药市场的影响。根据取消限价政策文件内容，其政策目标在于实现药品市场价格保持合理水平，也就是说整体药品市场的价格不会因为取消限价政策的实施而出现较大波动。除此之外，药品市场价格是诸多市场供需双方市场行为的结果，对取消限价政策实施后医药市场上主体行为变化的研究也能为反映政策效果提供及时的经验证据。根据第 2 章相关概念和理论基础以及 2.3 节模型与假设中的厂商行为分析部分，药品价格规制政策可能对厂商行为产生影响，根据所提出的假设 1 对于药品价格的影响和假设 2 对于厂商行为的影响，可进行如下讨论。

首先，分析政策实施对药品价格的影响。根据国家统计局信息，在商品零售价格指数（RPI）和居民消费价格指数（CPI）分类下面，与药品相关的一级指标分别为中西药品及医疗保健用品类 RPI 和医疗保健类 CPI，但是这两个一级价格指数指标都还包含除了药品以外的医疗服务等内容，在此基础上，需要进一步通过一级指标细分之下的二级指标来进一步分析取消限价政策实施后不同项目的价格指数的变动情况。其次，关注政策对医药供给端的影响，特别是取消限价政策可能导致厂商的行为变化，包括和药品有替代或者互补关系的医疗服务、医疗器具及保健器具等价格的变化，进口药品数量、金额的变化。考虑医药品进出口量及医药制造业[①]的产出是为了评估供需关系中价格变动对供给的影响，取消药品政府定价政策可能使得药品价格普遍上涨，引起医院和零售商进口有替代作用的药品，如果在国内整体药品产量短期不变的情况下，相对价格的变动可能会出现进出口的替代。

由于取消限价政策自 2015 年 6 月 1 日起开始实施，本书选择 49 个月（2013 年 6 月—2017 年 6 月）时间跨度内的样本数据，并假设全国范围内与取消限价政策相关的药品价格可能会受到影响，除了不在药品限价目录范围内的药品以外，如医保基金支付药品、专利药品/独家品种、血液制品、疫苗等。除此之外，由于取消限价政策在全国范围实施，在地域上无合适的对照组，并且难以从宏观价格指数中识别出非限价目录内的药品价格指数进行对比，因此采用间断时间序列方法估计取消药品政府定价政策效果。

---

① 医药制造是指原料经物理变化或化学变化后成为新的医药类产品的过程，主要从事该类活动的行业即医药制造业。根据《2017 年国民经济行业分类》，医药制造业主要可以分为化学药品原料药制造业（271）、化学药品制剂制造业（272）、中药饮片加工业（273）、中成药生产业（274）、兽用药品制造业（275）、生物药品制品制造业（276）、卫生材料及医药用品制造业（277）和药用辅料及包装材料制造业（278）。

具体模型设定如下：

以 2015 年 6 月为干预起始点，构建时间序列回归分析统计学模型：

$$Y_t = \beta_0 + \beta_1 \times \text{time} + \beta_2 \times \text{policy} + \beta_3 \times \text{post} + \varepsilon \tag{5.1}$$

模型中 Y_t 指主要结果变量在 t 期观察值，主要包括：对药品价格和供应端进行影响分析中的各类价格指数、药品产量、销售额和医药品进出口量。

time 是从观察期的开始（如本书中的 2013 年 6 月），表示在 t 期月份的一个连续性时间变量；policy 表示从时间 t 点（本书中为 2015 年 6 月）开始取消政府药品价格规制，取消药品价格规制政策实施前 policy = 0，实施后 policy = 1；post 是在时间 t 点干预后计算月数的一个连续性变量，政策实施前为 0，实施后为 time 减去开始实施时间；

β_0 是结果基线水平（level before policy）的估计值，即时间 0 点时各项结果变量水平；β_1 是政策实施前结果变量水平逐月变化量的估计值，即基线趋势（trend before policy）的估计值；β_2 是从前段时间序列的结尾处到政策实施后结果变量变化水平（level after policy）的估计值，即干预后水平变化，表示干预政策的短期效果。当 β_2 为正时，其数值为短期内结果变量在干预后相比干预前水平更高；β_3 是取消药品政府定价政策实施后主要结果变量逐月变化变动量（trend after policy）的估计值，即干预后趋势变化，表示干预政策的长期效果。当 β_3 为正时，表明在长期内结果变量在干预后相比干预前逐月变化量的估计值更高的那部分变动量；β_1 与 β_3 之和是政策实施后的斜率，表明在长期内结果变量在干预后逐月变化量的估计值；ε 为误差项，表示未解释的随机变量。

在 ITS 基本回归模型中进一步控制既影响因变量又可能和政策实施相关的宏观变量，以保证回归结果更能反映因变量系数的变动来自取消限价政策的影响。比如，除医药品以外的其他商品（如衣服、粮食/食品等）价格指数的算术平均值是宏观价格水平的一个代表，但由于未考虑到各个商品的权重，它并不是宏观价格水平的完美指标。同时，也考虑另外两个宏观控制变量：log（GDP）和消费者信心指数。类似地，当因变量是药品进出口时，本书控制其他商品的进出口额。进行分段时间序列回归分析时，因为时间跨度较长，需引入月份虚拟变量调节时间序列的季节性变化；使用Breusch-Godfrey检验对时间序列进行自相关检验，BG检验表明价格指数的结果变量在引入月份变量进行控制后，不存在自相关性，剩余其他结果变量不存在自相关。

5.1.2 稳健性检验

根据公式（5.1）的ITS模型，time、policy、post三个关键自变量的变化对因变量有重要影响。其中，time和post与时间的长短有关，policy与政策的具体实施时间有关。在取消限价政策前后，我国也在推出一系列深化医疗卫生体制改革的政策，特别是2014年3月发布的《关于全面推进县级公立医院综合改革的意见》（以下简称“政策1”）和2016年7月发布的《关于推进医疗服务价格改革的意见》（以下简称“政策2”），政策1和政策2的实施时间分别在取消限价政策实施前后，虽然这两项政策主要影响医疗服务价格，但可能也会影响药品价格。如果这两项政策的实施不影响药品价格，而只影响医疗服务价格，说明取消限价政策的分析是稳健的。稳健分析中的医疗服务CPI主要包括门诊和住院医疗服务价格，如综合用药、诊断、治疗、康复、中药等医疗服务价格。两项政策的分析时间范围分别是2013年4月至2015年4月和2015年7月至2017年7月。Lopez等（2018）认为分析中包含的时间范围的长短可能会影响政策的效果[230]。因此，可以探讨缩短期限对结果变量的影响，即time和post对因变量的影响。

5.1.3 数据来源

本章数据主要来源于万得数据库（www. wind. com. cn），本书经过结合研究目的筛选包括2013年1月至2018年12月共72个月的月度医药品零售价格指数、医疗用品消费价格指数及其分类指数；同一时期和药品相关的进出口月度数据；制药行业的季度财务数据作为医药市场宏观统计数据。

5.1.4 变量选取

根据 5.1.1 实证策略，分析取消限价政策对医药市场的影响主要在于分析取消限价政策实施后药品价格的变化以及医药供给端的变化。纳入分析的变量介绍见表 5-1。除了将价格指数作为分析药品价格变化的因变量以外，参考 Wu 等（2015）的研究[118]，对医药供给端进行分析时的因变量主要有：①对医药制造业宏观运营指标的影响，其中，利润率、营业收入和企业平均经营及盈利状况相关，亏损额占营业收入比重、亏损企业数和边缘企业关联更为密切，管理费用占总费用比重、销售费用占总费用比重和企业公关费用相关的财务指标；②对医药进出口的影响主要有进口指标（进口量、进口额和进口平均价格）和出口指标（出口量、出口额和出口平均价格）。

为了保证回归结果更加稳健，本书也控制了其他宏观变量，以保证主要关注的因变量的变化确实是由取消限价政策实施引起的。其他类 CPI 包括衣服、粮食/食品、交通三个项目，并根据这三个月度价格指数来计算算术平均数。消费者指数主要包括消费者信心指数、消费者满意指数、消费者预期指数，用于评估和预测经济走势和消费趋向。所有数据均为一维时间序列。为了避免出现伪回归情况，本书对变量序列进行了单位根检验，发现这些变量都是平稳序列，满足时间序列分析的基本假设。

表 5-1 主要变量的描述性统计

名称	变量	平均值	标准差
Panel A：因变量			
中西药品及医疗保健用品类 RPI	rpi_health	100. 290	0. 176
医疗保健类 CPI	cpi_medical	100. 282	0. 244
中药 CPI	cpi_cm	100. 361	0. 167
西药 CPI	cpi_wm	100. 296	0. 233
医疗服务 CPI	cpi_service	100. 273	0. 419

表5-1(续)

名称	变量	平均值	标准差
利润率	prop_profit	0. 112	0. 027
营业收入/亿元	Income	2 082. 899	340. 537
化学原料药产量/千吨	chemical	265. 947	30. 401
中成药产量/千吨	Tcm	282. 854	36. 818
亏损额占营业收入比重	losses1	0. 004	0. 003
亏损企业数占医药企业数的比重	losses2	0. 137	0. 024
管理费用占总费用比重 †	prop_manage	0. 320	0. 024
销售费用占总费用比重 †	prop_sales	0. 635	0. 028
医药品进口量/吨	inport1	10 050. 090	1 984. 682
医药品进口额/千美元	inport2	1 819 063. 000	463 145. 100
医药品进口平均价格/千美元/吨	inport3	180. 609	25. 514
医药品出口量/吨	export1	76 417. 510	9 254. 252
医药品出口额/千美元	export2	1 171 924. 000	179 663. 700
医药品出口平均价格/千美元/吨	export3	15. 331	1. 231
Panel B：自变量			
线性时间趋势	Time	—	—
政策变量	Policy	—	—
趋势变量	Post	—	—
Panel C：协变量			
其他类 CPI	cpi_other	100. 089	0. 204
月度 GDP 的对数 ††	lgGDP	4. 778	0. 074
消费者指数	consumer	108. 213	7. 775

† 总费用=销售费用+管理费用。由于其他财务指标数据缺失值较多，销售费用和管理费用较全，为了减少数据缺失值的影响，此处总费用取销售费用和管理费用的和。

†† 由于 GDP 只有季度数据，本书将其按照各个季度所包含的月份分别处理为当季的平均月度数据，在其基础上进一步取 10 的对数。

5. 2 研究结果

5. 2. 1 对药品消费价格指数的影响

ITS 分析要求首先通过图形展示因变量在干预时间前后实际值的分布

情况。通过展示中西药 CPI 实际值散点图以直观考察在政策实施前后的中西药 CPI 相对变化情况及变化趋势。图 5-1 显示了政策实施前后的西药 CPI（cpi_wm）和中药 CPI（cpi_cm）的实际值和拟合直线。纵坐标为价格指数，横坐标为时间。图中 2015 年 6 月的竖线代表政策实施日期。可以看出，2015 年 6 月后中药 CPI 相比实施前呈相反的变化趋势。

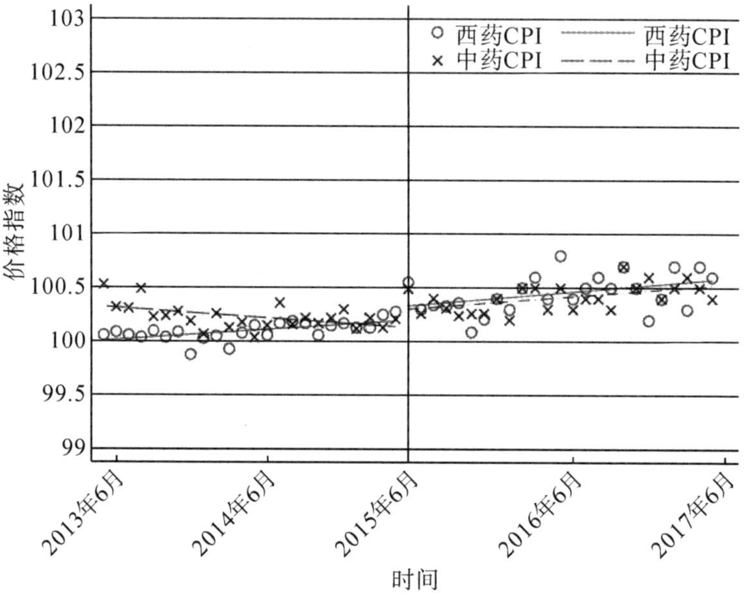

图 5-1　中西药 CPI 的变化

本书采用三个模型来研究取消限价政策的影响。模型 1 是一个没有任何控制变量的基本模型；模型 2 控制了其他商品价格指数；模型 3 比模型 2 进一步控制了宏观变量 GDP 和消费指数，并将模型 3 的期限从 49 个月缩短为 25 个月（从 2014 年 6 月到 2016 年 6 月）。

首先分析取消限价政策对药品价格的影响，以药品 CPI 为因变量的 ITS 回归结果见表 5-2，模型 1 的结果表明，干预后，西药 CPI 相比基线值增加了 0.090%，但这种水平的变化并不显著。政策实施后，每月增长趋势相比干预前在 5%显著水平上增加了 0.010%。中药 CPI 在政策实施后的变化与西药 CPI 类似，相比基线值在 5%显著水平上增加了 0.148%，每月增长趋势相比干预前在 1%显著水平上增加了 0.017%。

在模型 3 引入其他 CPI 和宏观控制变量的情况下，西药 CPI 在干预后相比基线值增加了 0.031%，但是变化不显著，趋势变化也不显著。政策实施后，中药 CPI 相比基线值在 5%显著水平上增加了 0.201%，每月比干预前的上升趋势增加了 0.012%。

表 5-2 中西药 CPI 的 ITS 分析结果

变量	中药 CPI			西药 CPI		
	模型 1	模型 2	模型 3	模型 1	模型 2	模型 3
常数项	100.4***	103.0***	90.98**	99.85***	78.03***	116.7***
	(0.071 5)	(13.07)	(34.61)	(0.080 9)	(14.31)	(37.15)
time	-0.007 69**	-0.007 69**	-0.014 8	0.010 2**	0.010 2**	0.042 9*
	(0.003 38)	(0.003 43)	(0.021 6)	(0.003 83)	(0.003 75)	(0.023 2)
policy	0.148**	0.145**	0.201**	0.090 2	0.114	0.030 8
（水平变化）	(0.066 6)	(0.069 0)	(0.085 5)	(0.075 4)	(0.075 6)	(0.091 8)
post	0.016 7***	0.016 8***	0.012 0	0.000 576	-0.000 478	0.002 25
（趋势变化）	(0.004 36)	(0.004 47)	(0.007 49)	(0.004 94)	(0.004 89)	(0.008 04)
月份控制	是	是	是	是	是	是
其他 CPI 控制	否	是	是	否	是	是
宏观经济控制	否	否	是	否	否	是
样本数	49	49	49	49	49	49
R^2	0.646	0.646	0.686	0.798	0.811	0.839

注：*** p<0.01，** p<0.05，* p<0.1，下文同。

5.2.2 对医疗保健价格指数的影响

通过分别展示医药 RPI 和医药 CPI 实际值散点图以直观考察在政策实施前后的医药价格指数变化情况及趋势。图 5-2 显示了政策实施前后的医疗保健 RPI（rpi_health）和医疗保健 CPI（cpi_medical）的实际值和拟合直线。纵坐标为价格指数，横坐标为时间。图中 2015 年 6 月的竖线代表政策实施日期。从图 5-2 中可以看出，2015 年 6 月后两个指数相比实施前呈上升趋势。

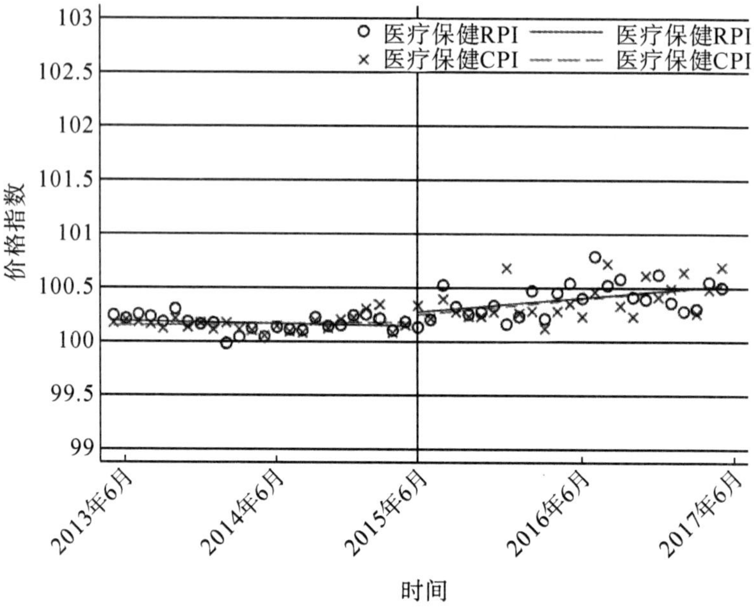

图 5-2　医疗保健 RPI 和医疗保健 CPI 的变化

然后分析取消限价政策对医药价格的影响，医疗保健 RPI 和医疗保健 CPI 的 ITS 分析结果见表 5-3。模型 1 的基础回归结果表明，取消限价政策实施后，医疗保健 RPI 增加了 0.057%，但这种水平变化并不显著。随后，每月上升趋势比干预前在 5%显著水平上增加了 0.012%。取消限价政策实施后，医疗保健 CPI 的变化类似，价格指数上升了 0.026%，而且每月比干预前的上升趋势在 10%显著水平上增加了 0.009%。在模型 1 基础上引入 CPI 作为控制变量作为模型 2，结果发现与模型 1 基本接近，主要因变量的系数符号未改变，其系数值变化也不大，模型 2 因变量具体回归系数值此处不赘述。

在引入宏观经济控制变量为模型 3 的情况下，医疗保健 RPI 在干预后水平变化降低了 0.129%。取消限价政策实施后，医疗保健 RPI 每月比干预前的上升趋势在 5%显著水平上增加了 0.015%，医疗保健 CPI 每月比干预前的上升趋势增加了 0.015%。

表 5-3 医疗保健 RPI 和医疗保健 CPI 的 ITS 结果

变量	医疗保健 RPI			医疗保健 CPI		
	模型 1	模型 2	模型 3	模型 1	模型 2	模型 3
常数项	100.2*** (0.120)	94.78*** (14.06)	126.9*** (38.32)	100.2*** (0.123)	105.8*** (14.43)	117.7** (42.90)
time	0.000 580 (0.003 49)	0.000 745 (0.003 56)	0.025 9 (0.020 0)	0.002 90 (0.003 58)	0.002 73 (0.003 65)	0.004 76 (0.022 4)
policy (水平变化)	0.056 5 (0.068 7)	0.062 0 (0.071 1)	-0.129 (0.098 8)	0.025 9 (0.070 5)	0.020 2 (0.072 9)	0.033 4 (0.111)
post (趋势变化)	0.012 1** (0.004 50)	0.011 7** (0.004 67)	0.014 5** (0.007 02)	0.009 36* (0.004 62)	0.009 76** (0.004 79)	0.015 3* (0.007 86)
月份控制	是	是	是	是	是	是
其他 CPI 控制	否	是	是	否	是	是
宏观经济控制	否	否	是	否	否	是
样本数	49	49	49	49	49	49
R^2	0.704	0.706	0.770	0.692	0.693	0.715

5.2.3 对医药供给端的影响

(1) 对医药制造业宏观运营指标的影响

通过分别展示医药制造业的各项宏观运营指标的散点图以直观考察在政策实施前后的医药制造业宏观运营指标变化情况及趋势。图 5-3 显示了干预前和干预后的医药制造业的各项宏观运营指标值及其拟合直线。纵坐标为对应的医药制造业宏观运营指标，横坐标为时间。图中 2015 年 6 月的竖线代表政策实施日期。可以看出，2015 年 6 月医药制造业各项宏观运营指标相比实施前变化不大。

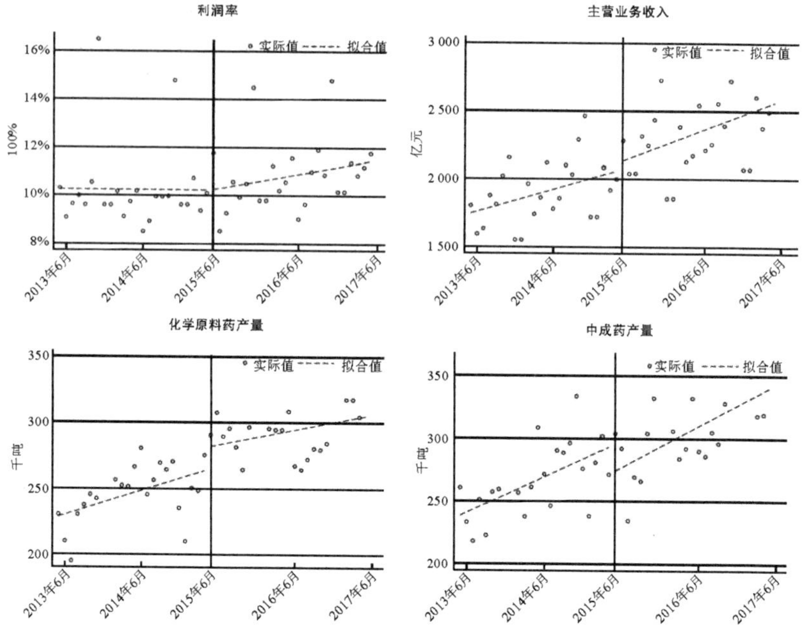

图 5-3　医药制造业宏观经营指标的变化（1）

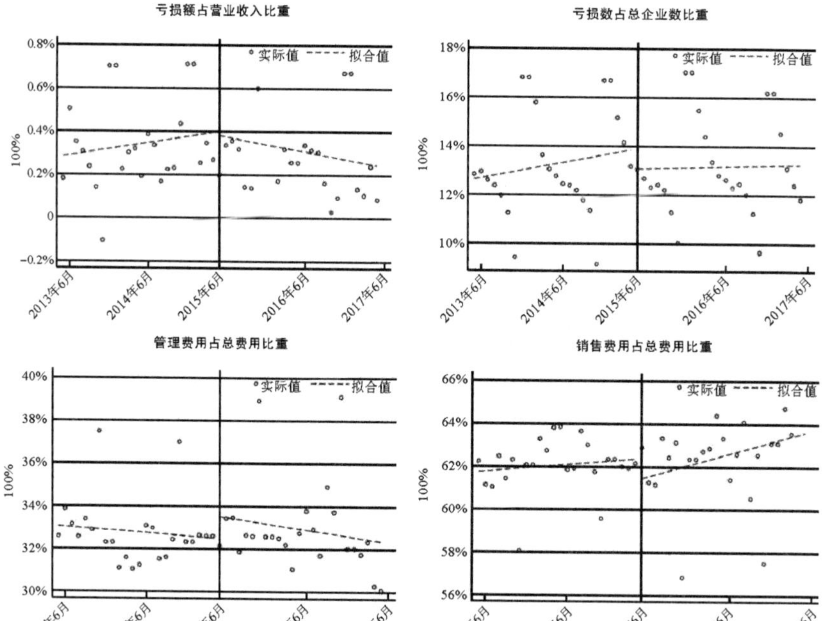

图 5-3　医药制造业宏观经营指标的变化（2）

为了分析取消限价政策实施对医药市场中医药制造业的影响，以医药制造业的各项宏观运营指标为因变量进行回归分析，ITS 分析结果见表 5-4。引入宏观经济控制变量的模型 3 结果表明，化学原料药产量在政策实施后在 5%显著水平上增长了 11.880%，中成药产量在政策实施后下降了 12.040%。取消限价政策实施前，化学原料药产量每月在 5%显著水平上减少了 2.440%，取消限价政策实施后，每月增长相比干预前在 1%显著水平上减少了 1.270%。取消限价政策实施前，中成药产量每月增加了 1.05%，取消限价政策实施后，每月增长趋势相比干预前减少了 0.330%。医药制造业其他指标在政策实施前后的水平变化和趋势变化均不显著。

表 5-4　医药制造业的 ITS 分析结果

Panel A：财务指标				
变量	利润率	主营业务收入	管理费用占比	销售费用占比
常数项	-1.189 (1.332)	2.015 (4.391)	3.903* (1.984)	-2.559 (2.107)
time	-0.000 851 (0.000 790)	0.006 38** (0.002 60)	0.001 99 (0.001 18)	-0.001 67 (0.001 25)
policy （水平变化）	0.004 46 (0.003 85)	-0.007 07 (0.012 7)	0.000 126 (0.005 74)	-0.001 44 (0.006 09)
post （趋势变化）	0.000 294 (0.000 270)	-0.001 48 (0.000 890)	0.000 331 (0.000 402)	0.000 097 3 (0.000 427)
月份控制	是	是	是	是
GDP 控制	是	是	是	是
样本数	49	49	49	49
R^2	0.934	0.993	0.887	0.850
Panel B：经营状况				
变量	亏损额	亏损企业	化学原料药产量	中成药产量
常数项	0.377 (0.278)	2.793*** (0.556)	-51.35*** (16.24)	2.904 (13.91)

表 5-4（续）

Panel B：经营状况				
变量	亏损额	亏损企业	化学原料药产量	中成药产量
time	0. 000 234 (0. 000 165)	0. 001 41*** (0. 000 330)	-0. 024 4** (0. 009 70)	0. 010 5 (0. 008 31)
policy (水平变化)	-0. 000 172 (0. 000 805)	0. 002 05 (0. 001 61)	0. 119** (0. 044 5)	-0. 120*** (0. 038 1)
post (趋势变化)	-0. 000 039 4 (0. 000 056 4)	0. 000 0204 (0. 000 113)	-0. 012 7*** (0. 002 92)	-0. 003 28 (0. 002 51)
月份控制	是	是	是	是
GDP 控制	是	是	是	是
样本数	49	49	43	43
R^2	0. 833	0. 993	0. 873	0. 918

注：主营业务收入、化学原料药产量、中成药产量取对数。

（2）对医药进出口的影响

通过分别展示医药进出口指标值的散点图以直观考察在政策实施前后的医药进出口变化情况及趋势。图 5-4 分别显示了干预前和干预后的医药品进口和出口的数量和金额及其拟合直线。纵坐标为对应的医药品进出口数量和金额，横坐标为时间。图中 2015 年 6 月的竖线代表政策实施日期。从图 5-4 中可以看出，2015 年 6 月医药进口量相比实施前明显减少。

为了分析取消限价政策实施对医药市场中医药进出口的影响，以医药品各项进出口指标为因变量进行回归分析，医药进出口的 ITS 分析结果见表 5-5。引入宏观经济控制变量的模型 3 结果表明，取消限价政策实施后，医药品进口量在 1%显著水平上减少了 22. 420%，医药品进口价格在 1%显著水平上增加了 21. 180%；医药品进口量每月增长趋势增加了 1. 130%，医药品进口价格每月增长趋势在 1%显著水平上减少了 1. 320%。

取消限价政策实施后，医药品出口量在 10%显著水平上减少了 7. 790%，医药品出口价格增加了 1. 35%，医药品出口额在 10%显著水平上减少了 6.430%。医药品出口量每月增长趋势在 1%显著水平上增加了 0.020%，医药品出口价格每月增长趋势在 5%显著水平上减少了 0.510%，医药品出口额每月增长趋势在 5%显著水平上减少了 0.490%。

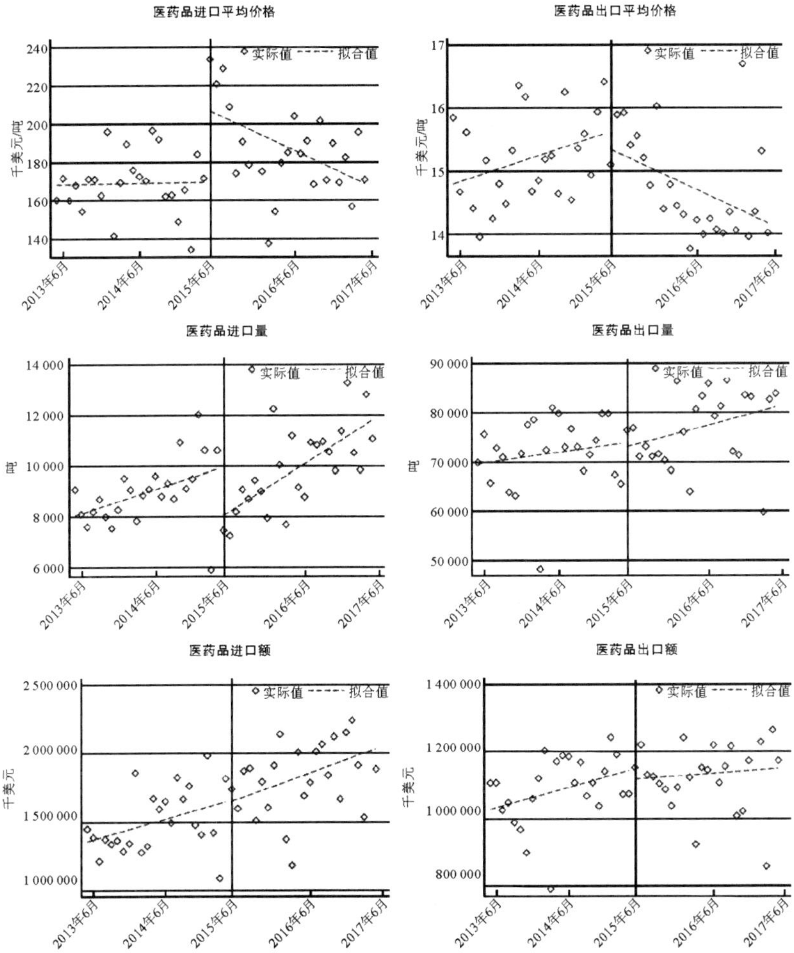

图 5-4　医药品进出口的变化

表 5-5 医药品进出口的 ITS 分析结果

变量	医药品进口量	医药品进口额	医药品进口平均价格	医药品出口量	医药品出口额	医药品出口平均价格
常数项	13.56***	10.36***	-3.199	12.77***	14.37***	1.602
	(3.624)	(3.630)	(4.021)	(2.698)	(2.487)	(2.149)
time	0.005 97*	0.010 8***	0.004 86	0.005 83***	0.006 86***	0.001 03
	(0.002 98)	(0.002 99)	(0.003 31)	(0.002 01)	(0.001 85)	(0.001 60)
policy（水平变化）	-0.224***	-0.012 4	0.212***	-0.077 9*	-0.064 3*	0.013 5
	(0.060 1)	(0.060 2)	(0.066 7)	(0.039 3)	(0.036 2)	(0.031 3)
post（趋势变化）	0.011 3**	-0.001 97	-0.013 2***	0.000 172	-0.004 92**	-0.005 09**
	(0.004 14)	(0.004 14)	(0.004 59)	(0.002 53)	(0.002 33)	(0.002 02)
月份控制	是	是	是	是	是	是
其他进口控制	是	是	是	否	否	否
其他出口控制	否	否	否	是	是	是
样本数	49	49	49	49	49	49
R^2	0.798	0.847	0.588	0.802	0.801	0.423

注：所有进出口指标均取对数。

5.2.4 稳健性检验

（1）非药品价格规制政策的影响

本书通过两项非药品价格规制政策作为反事实，以估计实施时间是否对我们的结果有显著影响。反事实代表了这两项政策在研究期间没有涉及药品价格内容。在政策 1 全面实施后，医疗服务 CPI 在 5%显著水平上减少了 0.544%，然而，与对照组医疗服务 CPI 的变化相比，西药 CPI 和中药 CPI 水平变化和趋势变化都不显著。对于三个价格指数，政策 2 对水平变化和趋势变化的影响都不显著①。具体见表 5-6。

① 政策 2，即医疗服务价格调整政策，主要调整了医疗服务各项目的成本结构，重点提高体现医务人员劳动价值中的诊断、治疗、手术、康复、护理、中医等医疗服务价格，降低体检价格，缓解“以药养医”的局面。因此，政策 2 实施后，医疗服务 CPI（cpi_service）没有发生显著变化是合理的。

表 5-6 医药 CPI 非药品价格规制政策的稳健性检验

变量	中药 CPI		西药 CPI		医疗服务 CPI	
	政策 1	政策 2	政策 1	政策 2	政策 1	政策 2
常数项	382.4*	96.39	25.90	187.5	286.6	-308.8
	(166.4)	(97.77)	(153.6)	(153.2)	(219.7)	(417.8)
time	0.165	-0.010 4	-0.040 7	0.121	0.198	-0.257
	(0.122)	(0.057 7)	(0.112)	(0.090 4)	(0.161)	(0.246)
policy（水平变化）	0.015 2	0.111	-0.124	-0.126	-0.544**	0.098 6
	(0.133)	(0.220)	(0.123)	(0.344)	(0.176)	(0.939)
post（趋势变化）	0.010 8	0.021 9	0.018 3	0.037 1	-0.001 31	-0.302
	(0.024 9)	(0.061 9)	(0.023 0)	(0.097 0)	(0.032 9)	(0.265)
月份控制	是	是	是	是	是	是
其他 CPI 控制	是	是	是	是	是	是
宏观经济控制	是	是	是	是	是	是
样本数	25	25	25	25	25	25
R^2	0.953	0.819	0.853	0.762	0.936	0.659

（2）不同时间范围的影响

本书通过改变时间范围来检验是否对 ITS 结果产生了影响。表 5-7 显示了缩短时间范围对中药 CPI、西药 CPI 和医疗服务 CPI 的 ITS 结果。从表 5-7 中可以看出，中药 CPI 的水平变化在剔除 24 个月后在 5%显著水平上增加了 0.320%，而 49 个月的变化与之相似。然而，关于西药 CPI 和医疗服务 CPI，取消限价政策对 25 个月没有显著影响。如果不考虑执行情况，时间范围的变化没有显著改变研究结果。

稳健性检验结果显示，医疗服务价格改革政策对药物宏观价格指数影响并不显著。在主要结果变量方面，取消药品政府定价政策效果分析结果比较稳健，但是受限于 ITS 本身局限性，无法完全排除其他政策效果的影响。

表 5-7 医药 CPI 时间范围的稳健性检验

变量	中药 CPI		西药 CPI		医疗服务 CPI	
	25 个月	49 个月	25 个月	49 个月	25 个月	49 个月
常数项	-70.69 (127.8)	90.98** (34.61)	-97.81 (122.3)	116.7*** (37.15)	1 391 (847.8)	152.5 (96.25)
time	-0.028 2 (0.089 2)	-0.014 8 (0.021 6)	-0.034 5 (0.085 4)	0.042 9* (0.023 2)	0.807 (0.592)	0.030 4 (0.060 2)
policy （水平变化）	0.320** (0.122)	0.201** (0.085 5)	0.057 1 (0.117)	0.030 8 (0.091 8)	0.162 (0.811)	0.010 2 (0.238)
post （趋势变化）	-0.034 6 (0.023 8)	0.012 0 (0.007 49)	-0.016 4 (0.022 8)	0.002 25 (0.008 04)	-0.107 (0.158)	-0.004 95 (0.020 8)
月份控制	是	是	是	是	是	是
其他 CPI 控制	是	是	是	是	是	是
宏观经济控制	是	是	是	是	是	是
样本数	25	49	25	49	25	49
R^2	0.956	0.686	0.980	0.839	0.757	0.500

5.3 本章小结

根据国家发展改革委等部门 2015 年实施推进药品价格改革意见文件，其主要内容是取消政府制定的药品原价格，以通过“规范药品市场价格行为”实现促进“药品市场价格保持合理水平”的要求。本章基于 2013—2018 年医药市场宏观统计数据，采用间断时间序列模型，实证分析取消限价政策的实施效果，即是否达到了预期的政策目标。具体而言，主要包括以下四个方面：①取消限价政策对医药价格的影响；②取消限价政策对中西药品消费价格的影响；③取消限价政策对医药制造业的影响；④取消限价政策对医药进出口的影响。

研究发现，取消限价政策不仅对药品价格产生了影响，通过对医药供给端的医药制药业和医药进出口分析发现，取消限价政策也间接影响了医药供给端。具体而言，政策实施后，西药消费价格变化不显著，中药消费价格短期内上涨了 0.200%（$p=0.026$）。化学原料药产量短期内增加 11.880%（$p=0.013$），中成药产量减少了 12.040%（$p=0.004$），而化学原料药产量在政策实施后每月增长相比干预前减少了 1.270%，下降趋势显著（$p<0.001$）。在对医药进出口的影响方面，在短期内，进出口量及出口额均显著下降，进口价格增加了 21.180%（$p=0.003$）；进口额变化不显著，出口额下降了 6.430%（$p=0.085$）；政策实施后，进口量呈现 1.130%的增长趋势（$p=0.010$）。本章实证分析也存在一些不足，与取消限价政策同时实施的还包括国家医保目录准入谈判和省市药品集中采购政策。这两项政策虽然会对药品价格产生影响，但因其均在部分地区、部分品种药品上实施，且主要实施时间与取消限价政策并不同步，所以对药品整体价格水平影响不大。

6 取消药品加成政策对公立医疗机构费用结构及医疗服务的影响

国务院于2012年发布文件开始进行全国范围内的县级公立医院的改革试点，随后国务院办公厅于2015年开始全面取消县级公立医院药品加成。同年5月，国务院办公厅发布城市公立医院试点取消药品加成。2013年9月，四川省发展改革委等五部门出台了《关于印发四川省县级公立医院取消药品加成经费补偿办法的通知》，全省县级公立医院开始实施取消药品加成政策；2016年12月中旬，四川省政府发布《四川省城市公立医院取消药品加成补偿办法》和《四川省省管公立医院取消药品加成医疗服务价格补偿调整方案》，从2016年12月20日正式开始对全省城市公立医院实施取消药品加成。为了表述方便，无论县级公立医院取消药品加成还是城市公立医院取消药品加成，以下均简称“取消加成”政策或“零加成”政策。

6.1 研究设计

6.1.1 实证策略和假设检验

根据四川省两次取消加成政策的文件内容，取消加成意味着医院费用不再将药品费用作为主要来源，同时为了减轻药品收入减少的损失，也对医疗服务价格进行了调整，以保证合理的医疗服务收支平衡。根据第2章相关概念和理论框架中的2.3节理论模型的医疗服务供给者的行为分析部分，药品价格规制政策可能对医疗服务提供者（即医疗机构）药品销售部分产生影响，根据假设3所提出的对于医药费用结构的影响，本书选择取消加成政策来进行分析。为此主要比较实施取消加成政策的公立医院和未实施加成政策的公立医院的医药费用（含药品费用、治疗费用、检查费用等）。鉴于县级公立医院和城市公立医院的取消加成政策实施时间不同，本书分别考察取消加成政策对县级公立医院和城市公立医院的医药费用的政策效果。仅将干预对象公立医院实施政策前后的医药费用进行对比显然不能说明造成这种费用差异是否是由于取消加成政策导致，因此，本书用非干预对象的医院作为对照组。为去除两类医院间系统性差异，采用DID来分析两类医院在取消加成政策实施前后医药费用变化的差异。

根据国务院和四川省政府办公厅的文件，四川省公立医院实施取消加成政策有两个主要的时间点，分别是县级公立医院于2013年11月起全面实施取消加成政策，城市公立医院于2016年12月起全面实施取消加成政策。因为县级、城市两类公立医院在实施时间上存在差异，除了研究公立医院取消加成政策后的医药费用结构的变化情况外，还可以讨论两类医院研究取消加成政策的医药费用结构的变化差异。

四川省县级公立医院于2013年11月起开始实施取消加成政策，将县级公立医院作为干预组，来评估取消加成政策在2014年11月时已实施12个月的短期效果。考虑到四川省城市公立医院在2017年1月起才实施取消加成政策，因此在这个时间之前，取消加成政策并未以城市公立医院作为政策对象，以城市公立医院作为对照组，同时本书以此来评估取消加成政策在2016年12月时实施48个月后的长期效果。考虑到县级公立医院与城市公立医院在规模和水平上存在差异，也会导致在医药费用和医疗服务量的比较存在偏差，因此将样本医院范围限定在二级医院。

四川省城市公立医院于2017年1月起开始实施取消加成政策，此时县级公立医院已开始实施取消加成政策，故不适合作为对照组，因此将城市非公立医院作为对照组。考虑到城市公立医院和城市非公立医院之间存在医疗服务规模差异，因此将二者范围进一步缩小到二级综合医院，来评估取消加成政策在 2017 年 1 月实施后到 2018 年 6 月共 18 个月的政策效果。

为了方便了解和区分以上两次取消加成政策评估实证策略的区别，具体见表 6-1。

表 6-1　取消加成政策的实证分析策略

干预政策	2012 县级公立取消加成	2017 城市公立取消加成
政策实施时间	2013 年 11 月	2017 年 1 月
DID 分析时间范围	2012. 01—2016. 12	2015. 06—2018. 06
干预组	县级公立（二级综合）	城市公立（二级综合）
对照组	城市公立（二级综合）	城市非公立（二级综合）

本书基于前述实证分析策略，通过双重差分模型来考察取消加成政策实施的因果影响。具体模型如下：

$$\log(Y_{i,t}) = \alpha + \beta \times \mathrm{TREAT}_i \times \mathrm{postZMDP}_t + \delta \times X_{i,t} + \mu_i + \gamma_t + \varepsilon_{i,t} \tag{6.1}$$

式（6. 1）中：

$Y_{i,t}$ 代表医院（i）和月份（t）中的结果变量。对涉及费用所有结果变量进行对数转换以调整右偏数据[4]。根据已有研究[163, 164]，本书用门诊次均医药相关费用（含药品费用、治疗费用、检查费用等），住院人均医药相关费用（含药品费用、治疗费用、检查费用等）来表示。

政策变量（TREAT）表示是否为取消加成政策实施组的虚拟变量。如果是干预组，则 TREAT 取值为 1，否则为 0。

时间变量（postZMDP）表示是否实施取消加成政策。由于四川省县级公立医院在 2013 年 10 月正式实施取消加成政策，政策实施之前的 2012 年 1 月至 2013 年 10 月 postZMDP 取值为 0，政策实施后的 2013 年 11 月至

2018 年 6 月 postZMDP 取值为 1。而城市公立医院在 2016 年 12 月正式实施取消加成政策，政策实施之前的 2015 年 6 月至 2016 年 12 月 postZMDP 取值为 0，政策实施后的 2017 年 1 月至 2018 年 6 月 postZMDP 取值为 1。

$TREAT_i \times postZMDP_t$ 表示每个月的政策变量与时间变量的交互项。其中，在县级公立医院取消加成分析的短期效果部分，本书强调的是政策实施后 12 个月的效果，因此只汇报了 12 个月后（2013 年 11 月到 2014 年 10 月）的结果；长期效果主要汇报了实施 12、24、36、48 个月后的结果。而城市公立医院取消加成分析则报告了 18 个月后（2017 年 1 月到 2018 年 6 月）的结果。

β 是本书最关心的系数，它表示干预组的医药费用在政策实施前后的变化。如果系数 β 为正，则表示在实施政策后，干预组的医药相关费用增加，反之，干预组的医药相关费用减少。

$X_{i,t}$ 是本书需要控制的影响医疗费用的其他因素，即医疗机构层面的特征变量，包括卫生技术人员和实有床位，用以评估政策执行是否与其他变量无关。这些变量影响医疗机构的收入，但并非取消加成政策实施对象。

所有估计值都包括医院个体固定效应（μ_i），控制医院中未观察到的随时间变化的个体异质性；控制所有医院共有的可变月份效应的月份虚拟变量向量（γ_t），用以控制医院时间变化。ε_{it} 为随机误差项。

6.1.2 稳健性检验

考虑到四川省取消加成政策目标及政策对象，预计本书中的选择偏差可能不是一个大问题。根据政府文件及实际数据，城市公立医院实施取消加成政策的时间基本没有差异。同时，四川省内城市公立医院所实施取消加成政策内容是相同的。具体而言，本书将通过三项稳健性检验来检验 DID 结果是否存在选择偏差的问题。

第一项是比较取消加成政策开始之前的共同趋势检验结果，即假设干预组个体没有接受干预，其结果的变动趋势将与对照组的变动趋势相同，即政策实施前干预组和对照组不能有系统性趋势差异。

第二项安慰剂检验遵循置换检验的思想[231]，本书将对事实中的对照组和干预组进行完全随机分组，形成伪对照组和伪干预组，进行安慰剂检验。县级公立医院实施政策稳健性检验随机分组的具体情况见表6-2。分组前，干预组（县级公立医院）有351家，对照组（城市公立医院）有90家；分组后，原干预组的176家县级公立医院和原对照组的45家城市公立医院作为伪干预组，原干预组的175家公立医院和原对照组的45家公立医院作为伪对照组，进行安慰剂检验。

表6-2　县级公立实施政策稳健性检验随机分组

项目	分组前			分组后		
	县级公立	城市公立	总量	县级公立	城市公立	总量
干预组	351	0	351	176	45	221
对照组	0	90	90	175	45	220
总量	351	90	—	351	90	—

城市公立医院实施政策稳健性检验随机分组的具体情况见表6-3。分组前，干预组（城市公立医院）有29家，对照组（城市非公立医院）有25家；分组后，原干预组的12家城市公立医院和原对照组的15家城市非公立医院作为伪干预组，原干预组的17家公立医院和原对照组的10家城市非公立医院作为伪对照组，进行安慰剂检验。

表 6-3 城市公立实施政策稳健性检验随机分组

项目	分组前			分组后		
	城市公立	城市非公立	总量	城市公立	城市非公立	总量
干预组	29	0	29	12	15	27
对照组	0	25	25	17	10	27
总量	29	25	—	29	25	—

第三项通过结合倾向匹配得分法（PSM）与 DID，消除取消加成政策前干预组与对照组之间的可观察性差异。

6.1.3 数据来源

为了评估取消加成政策实施的短期效果和长期效果，本书收集了医院门诊医药收入和住院医药收入，并结合医疗服务人次数来计算得病人次/人均费用。为了降低抽样错误，本书使用 2012 年 1 月到 2018 年 12 月四川省公立医院的纵向数据以建立不平衡的面板数据进行分析。这些数据由四川省卫生健康委员会信息统计中心每月收集一次，涵盖了公立医院实施取消加成政策前后的时期，该数据包含医疗机构的基本特征、人员编制情况、床位及设备、收入与支出明细等月报统计信息。

另外，对政策目标对象而非实际受政策影响对象所受平均处理效应的分析称作意向处理分析（Intention to Treat analysis，ITT）。在计量识别上，本书不能够直接剔除那些未严格按照政策实施的个体，因为这会导致试验组的非随机性，从而威胁到估计结果的可靠性，ITT 概念的引入正是因为考虑了在估计 ATE 的时候存在非服从型的个体这一情况。参考张川川等（2015）研究[232]，本书关心的是政策的 ITT 效果，即政策的总体效果。在 DID 分析中，针对实施取消加成政策的分组是否满足政策实施对象、个体是否严格按照政策规定时间执行取消加成政策的问题，其属于政策执行层面的问题，此处不做考虑。

6.1.4 变量选取

本书根据取消加成政策的既定目标以及先前的研究[163, 164, 233]，通过医院数据评估取消加成政策对医药费用的影响，主要包括门诊病人次均医药费用、门诊病人次均药品费用、门诊病人次均非药品费用、住院病人人均医药费用。由于研究内容的需要，本书对数据进行初步处理，所有涉及费用和收入的变量均采用医疗保健居民消费价格指数进行了调整。

从2012—2016年的样本数据来看，县级公立医院的门诊次均药品费用平均值为52.36元，比城市公立医院门诊次均药品费用平均值的82.08元低29.72元；县级公立医院的住院次均药品费用平均值为1 450.36元，比城市公立医院住院人均药品费用平均值的2 743.44元低1 293.08元。在医院人员与床位方面，县级公立医院的卫生技术人员和实有床位与城市公立医院相差不大。此外，与城市公立医院相比，县级公立医院虽然门诊次均药品费用和住院次均药品费用低于城市公立医院，但医疗服务量方面的总诊疗人次和出院人数却高于城市公立医院。2012—2016年县级公立医院分析主要变量的描述性统计见表6-4。

表6-4 县级公立医院分析主要变量的描述性统计

名称	全样本（N=1 154）		县级公立医院（N=1 066）		城市公立医院（N=88）	
	平均值	标准差	平均值	标准差	平均值	标准差
Panel A：门诊服务						
次均医药费用	133.85	55.60	130.71	49.73	171.86	95.51
次均药品费用	54.63	28.00	52.36	22.90	82.08	56.10
次均非药品费用	79.13	36.74	78.29	35.50	89.35	48.49
总诊疗人次数	139 664.94	104 756.51	142 162.71	106 034.95	109 407.83	82 454.65
Panel B：住院服务						
人均医药费用	4 263.55	1 813.27	4 024.86	1 366.27	7 188.17	3 401.14
人均药品费用	1 547.93	756.00	1 450.36	556.77	2 743.44	1 501.10
人均非药品费用	2 708.29	1 230.99	2 568.76	1 007.52	4 417.94	2 128.32
出院人数	10 086.56	7 790.89	10 344.38	7 879.33	6 963.48	5 809.37

表6-4(续)

名称	全样本（N=1 154）		县级公立医院（N=1 066）		城市公立医院（N=88）	
	平均值	标准差	平均值	标准差	平均值	标准差
Panel C：协变量						
卫生技术人员数	236.82	154.01	235.24	153.37	255.98	161.15
床位数	270.82	175.63	270.46	176.85	275.20	160.97

通过四川省县级公立医院门诊和住院人/次均医药费用、药品费用和非药品费用在2012—2016年五年间年度平均值来观察取消加成前后的变化。在2013年县级公立医院实施取消加成政策以前，县级公立医院和城市公立医院的次均医药费用变化趋势基本一致。在取消加成政策实施以后，县级公立医院的门诊次均医药费用增加变得更为缓和，特别是自2015年后呈现明显下降趋势，而城市公立医院的门诊次均医药费用则变化不明显。综合来看，作为干预组的县级公立医院和作为对照组的城市公立医院的门诊次均医药费用和住院人均医药费用在取消加成政策实施以前的变化趋势基本一致（见图6-1）。

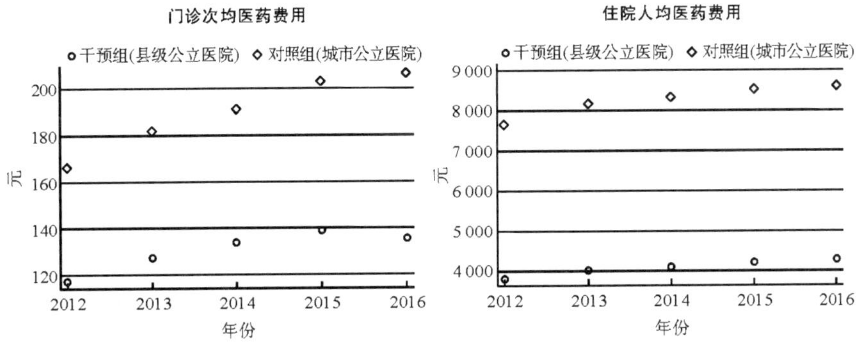

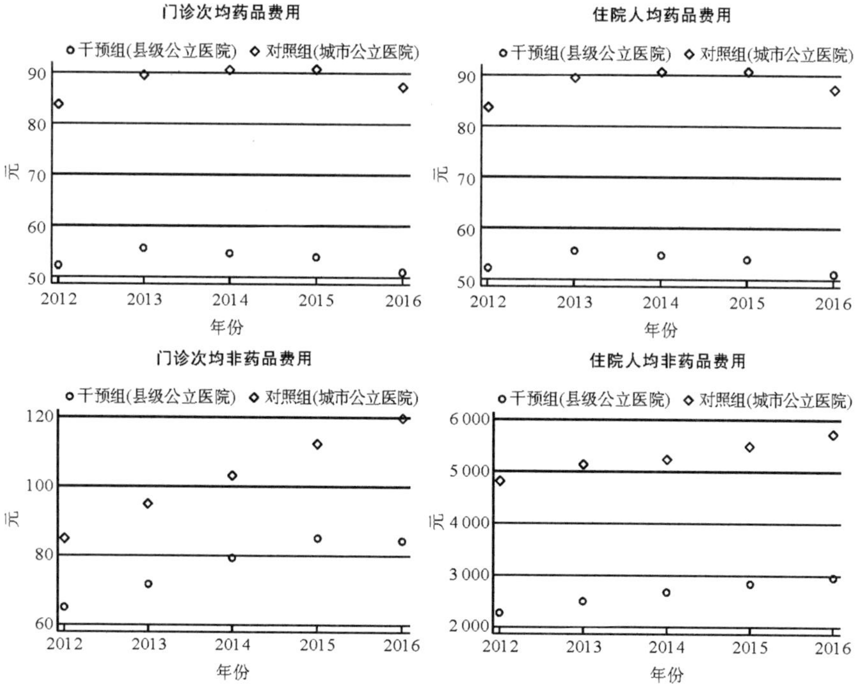

图 6-1 县级医院医药费用的年度变化（2012—2016 年）

从 2015—2018 年样本数据来看，城市公立医院的门诊次均药品费用平均值为 63. 78 元，比城市非公立医院门诊次均药品费用平均值的 73. 75 元低 9. 97 元；城市公立医院的住院人均药品费用平均值为 1 924. 2 元，比城市非公立医院住院人均药品费用平均值的 2 410. 57 元低 486. 37 元。在医院人员与床位方面，城市公立医院的卫生技术人员和实有床位多于城市非公立医院。此外，与城市非公立医院相比，虽然城市公立医院门诊次均药品费用和住院次均药品费用低于城市非公立医院，但医疗服务量方面的总诊疗人次和出院人数却高于城市非公立医院。2015—2018 年城市公立医院分析主要变量的描述性统计见表 6-5。

表 6-5 城市公立医院分析主要变量的描述性统计（2015—2018 年）

名称	全样本（N=1 881）		城市公立医院（N=1 001）		城市非公立医院（N=880）	
	平均值	标准差	平均值	标准差	平均值	标准差
Panel A：门诊服务						
次均医药费用	213.55	119.58	194.23	100.55	235.53	134.81
次均药品费用	68.45	45.79	63.78	36.71	73.75	53.84
次均检查费用	52.99	46.17	50.55	46.28	55.79	45.91
次均治疗费用	41.76	55.43	28.61	19.60	56.57	75.42
总诊疗人次数	12 420.12	11 738.36	14 073.64	10 969.35	10 539.23	12 294.57
Panel B：住院服务						
人均医药费用	6 606.48	2 680.52	6 561.55	2 308.20	6 657.59	3 049.85
人均药品费用	2 151.74	1 168.46	1 924.20	1 105.51	2 410.57	1 184.77
人均检查费用	716.11	422.71	728.94	408.86	701.31	437.93
人均治疗费用	1 359.01	968.16	1 618.67	977.54	1 059.56	865.89
出院人数	950.75	754.94	1 198.05	885.90	669.44	420.99
Panel C：协变量						
卫生技术人员数	306.33	178.95	368.21	196.75	235.95	123.01
床位数	337.30	200.59	403.17	223.72	262.38	136.22

2015 年 6 月—2018 年 6 月期间城市公立医院与城市非公立医院医疗总费用和次均医药费用 36 个月的变化趋势见图 6-2。实线指的是城市公立医院（干预组）相关变量的时间趋势，虚线指的是城市非公立医院（对照组）相关变量的时间趋势。2017 年 1 月公立医院取消加成政策实施前，两组的次均医药费用和药品费用变化趋势相同，在取消加成政策实施后，城市公立医院（干预组）的医药费用和药品费用均呈现明显下降趋势。

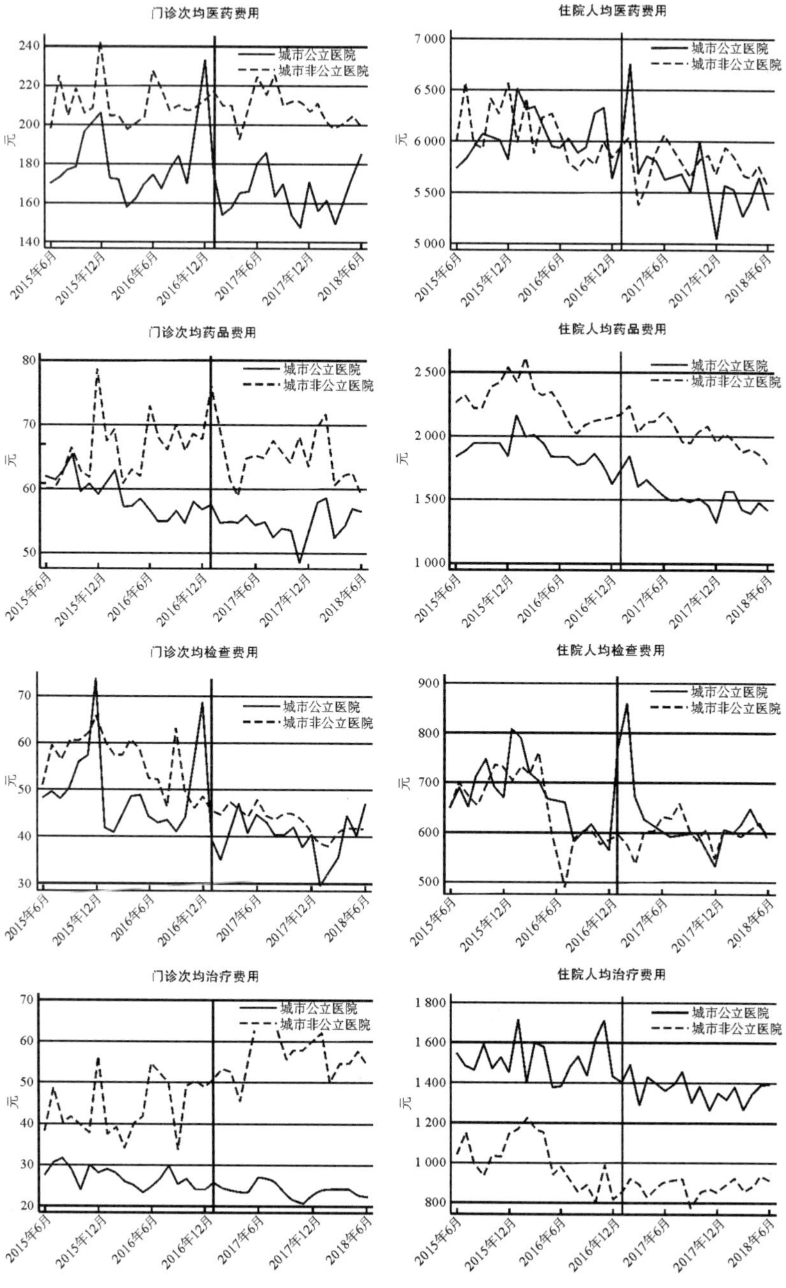

图 6-2　城市医院医药费用的月度变化（2015—2018 年）

6.2 主要结果

6.2.1 对县级公立医院的短期效果

第一列模型（模型 1）为基础最小二乘回归模型，第二列模型（模型 2）控制了医疗机构的卫生技术人员和实有床位两个变量，第三模型（模型 3）在模型 2 的基础上令因变量取对数。

1. 对医药费用的影响

首先分析县级公立医院取消加成政策实施 24 个月后对门诊次均医药费用和住院人均医药费用的短期影响。对县级公立医院人均医药费用短期影响的分析结果见表 6-6。从模型 1 可以看出，取消加成政策实施后门诊病人次均医药费用显著增加，即县级公立医院的门诊次均医药费用在政策实施 24 月后比城市公立医院减少了 7.423。进一步控制了医疗机构的卫生技术人员和实有床位两个变量的模型 2 结果与模型 1 类似。模型 3 结果显示，县级公立医院的门诊次均医药费用在政策实施 24 月后显著增加了 11.300%。住院医药费用收入的模型 3 结果显示，在控制了医疗机构不随时间变化的固定特征后，住院病人次均医药费用增加 1.910%，但是系数不显著。因此，实施取消加成政策显著增加了县级公立医院的门诊次均医药费用。

表 6-6 取消加成政策对县级公立医院人均费用短期影响的分析结果

变量	门诊次均医药费用			住院人均医药费用		
	模型 1	模型 2	模型 3	模型 1	模型 2	模型 3
TREAT×postZMDP	-7.423 (5.137)	-6.935 (5.134)	0.113** (0.046 6)	-162.9* (97.48)	-177.4* (96.91)	0.019 1 (0.030 8)
卫生技术人员		-0.025 5 (0.033 0)	-0.000 364 (0.000 300)		1.161* (0.618)	-0.000 158 (0.000 197)
床位数		-0.028 6 (0.021 8)	-0.000 272 (0.000 198)		0.691* (0.408)	0.000 165 (0.000 130)
常数项	116.7*** (1.371)	128.5*** (6.057)	4.789*** (0.055 0)	3 897*** (25.88)	3 500*** (113.7)	8.169*** (0.036 2)

表6-6(续)

变量	门诊次均医药费用			住院人均医药费用		
	模型 1	模型 2	模型 3	模型 1	模型 2	模型 3
样本数	1 154	1 154	1 154	1 153	1 153	1 153
R^2	0. 267	0. 271	0. 248	0. 337	0. 347	0. 271
医院数量	291	291	291	291	291	291
年份固定	是	是	是	是	是	是
医院固定	是	是	是	是	是	是

2. 对门诊次均药品和非药品费用的影响

其次分析县级公立医院取消加成政策实施 24 个月后对门诊次均药品费用和次均非药品费用的短期影响。对县级公立医院门诊次均费用短期影响的分析结果见表 6-7。试点机构的门诊次均药品费用在取消加成政策实施 24 个月后增加了 1. 890%，解释了门诊次均医药费用增加 0. 870%的原因(1. 890%×45. 890%)①，但变化不显著；门诊次均非药品费用显著增加了 11. 700%，解释了次均门诊费用增加 6. 330% 的原因（11. 700% × 54. 110%）。整体来看，县级公立医院门诊次均医药费用增加主要源于门诊次均非药品费用部分增加。

表 6-7 取消加成政策对县级公立医院门诊次均费用短期影响的分析结果

变量	门诊次均药品费用			门诊次均非药品费用		
	模型 1	模型 2	模型 3	模型 1	模型 2	模型 3
TREAT×postZMDP	-6. 005 *** (2. 256)	-5. 701 ** (2. 250)	0. 018 9 (0. 053 9)	-2. 301 (3. 831)	-2. 108 (3. 835)	0. 117 ** (0. 051 5)
卫生技术人员		-0. 027 5 * (0. 014 4)	-0. 000 441 (0. 000 346)		0. 000 120 (0. 024 6)	-0. 000 415 (0. 000 331)
床位数		-0. 008 21 (0. 009 55)	-0. 000 205 (0. 000 229)		-0. 019 8 (0. 016 3)	-0. 000 299 (0. 000 219)
常数项	50. 78 *** (0. 602)	58. 31 *** (2. 654)	3. 910 *** (0. 063 6)	65. 79 *** (1. 022)	70. 30 *** (4. 525)	4. 212 *** (0. 060 8)

① 45. 89%为政策实施前公立医院的平均门诊药占比；则公立医院的非药品费用的比例为 1-45. 89%=54. 11%。

表6-6(续)

变量	门诊次均药品费用			门诊次均非药品费用		
	模型 1	模型 2	模型 3	模型 1	模型 2	模型 3
样本数	1 154	1 154	1 154	1 154	1 154	1 154
R^2	0.071	0.080	0.070	0.308	0.309	0.332
医院数量	291	291	291	291	291	291
年份固定	是	是	是	是	是	是
医院固定	是	是	是	是	是	是

3. 对住院人均药品和非药品费用的影响

再次分析县级公立医院取消加成政策实施24个月后对住院人均药品费用和人均非药品费用的短期影响。对县级公立医院住院人均费用短期影响的分析结果见表6-8。县级公立医院的住院次均药品费用在取消加成政策实施后显著下降了9.480%，解释了人均住院费用下降3.750%的原因(9.480%×39.530%)①。另外，次均住院非药品费用增加了9.860%，解释了人均住院费用增加5.960%的原因（9.860%×60.470%），县级公立医院的住院人均医药费用的增加主要源于住院人均非药品费用的增加。

表6-8 取消加成政策对县级公立医院住院人均费用短期影响的分析结果

变量	住院人均药品费用			住院人均非药品费用		
	模型 1	模型 2	模型 3	模型 1	模型 2	模型 3
TREAT×postZMDP	-245.9***	-244.7***	-0.094 8**	97.31	80.69	0.098 6***
	(54.02)	(54.09)	(0.042 1)	(67.61)	(66.34)	(0.033 4)
卫生技术人员		-0.382	-0.000 277		1.680***	-0.000 111
		(0.345)	(0.000 269)		(0.423)	(0.000 213)
床位数		0.180	0.000 167		0.496*	0.000 133
		(0.228)	(0.000 178)		(0.280)	(0.000 141)
常数项	1 570***	1 607***	7.256***	2 318***	1 859***	7.631***
	(14.34)	(63.45)	(0.049 4)	(17.95)	(77.81)	(0.039 2)
样本数	1 153	1 153	1 153	1 153	1 153	1 153

① 39.53%为政策实施前公立医院的平均住院药占比；则公立医院的非药品费用的比例为1-39.53%=60.47%。

表6-8(续)

变量	住院人均药品费用			住院人均非药品费用		
	模型 1	模型 2	模型 3	模型 1	模型 2	模型 3
R^2	0.036	0.038	0.012	0.546	0.565	0.461
医院数量	291	291	291	291	291	291
年份固定	是	是	是	是	是	是
医院固定	是	是	是	是	是	是

4. 对医疗服务的影响

最后分析县级公立医院取消加成政策实施 24 个月后对总诊疗人次数和出院人数的短期影响。结果表明，取消加成政策实施后的总诊疗人次数和出院人数短期内并未发生显著的变化，见表 6-9。这个结果说明县级公立医院药品费用的减少是取消加成政策导致的，而并非由医疗服务量的变化引起的。

表 6-9　取消加成政策对县级公立医院医疗服务短期影响的分析结果

变量	总诊疗人次数	出院人数
TREAT×postZMDP	4 718 (6 218)	204.1 (303.2)
卫生技术人员	311.3*** (39.93)	17.45*** (1.947)
床位数	111.3*** (26.38)	14.68*** (1.287)
常数项	37 254*** (7 336)	1 953*** (357.7)
样本数	1 154	1 154
R^2	0.331	0.555
医院数量	291	291
年份固定	是	是
医院固定	是	是

6.2.2　对县级公立医院的长期效果

进一步分析县级公立医院取消加成政策实施 48 个月后对门诊次均医药

费用和住院人均医药费用的长期影响，回归结果见表 6-10。研究发现，县级公立医院门诊次均医药费用变化与住院次均医药费用变化相反，门诊次均药品费用和住院次均药品费用均显著下降，并且随着政策实施时间的增加，下降效果也更明显，而 2016 年后，这种下降趋势逐渐减弱，这可能与 2017 年 1 月正式开始实施城市公立医院取消加成政策有关。

表 6-10 取消加成政策对县级公立医院长期影响的分析结果

Panel A：门诊服务			
变量	门诊次均医药费用	门诊次均药品费用	门诊次均非药品费用
TREAT×postZMDP（12 个月后）	0.014 0 （0.029 2）	−0.024 2 （0.023 1）	−0.001 98 （0.034 1）
TREAT×postZMDP（24 个月后）	0.003 47 （0.026 8）	−0.027 9 （0.019 4）	−0.018 0 （0.030 4）
TREAT×postZMDP（36 个月后）	−0.016 5 （0.025 2）	−0.024 9 （0.017 6）	−0.016 3 （0.028 9）
TREAT×postZMDP（48 个月后）	−0.031 7 （0.023 8）	−0.014 2 （0.016 9）	−0.009 88 （0.028 0）
Panel B：住院服务			
变量	住院人均医药费用	住院人均药品费用	住院人均非药品费用
TREAT×postZMDP（12 个月后）	0.008 96 （0.036 3）	−0.088 5*** （0.030 0）	0.032 5 （0.026 6）
TREAT×postZMDP（24 个月后）	0.000 217 （0.031 1）	−0.089 0*** （0.025 0）	0.028 6 （0.022 8）
TREAT×postZMDP（36 个月后）	−0.024 4 （0.030 0）	−0.089 2*** （0.023 4）	0.030 2 （0.024 1）
TREAT×postZMDP（48 个月后）	−0.044 1 （0.028 3）	−0.071 2*** （0.023 5）	0.033 5 （0.022 1）

注：各模型已控制协变量（卫生技术人员、床位数）；月份固定；医院个体固定。下同。

将表 6-10 中的回归系数进行图形化展示，以时间为横坐标，TREAT×postZMDP 系数为纵坐标，见图 6-3。

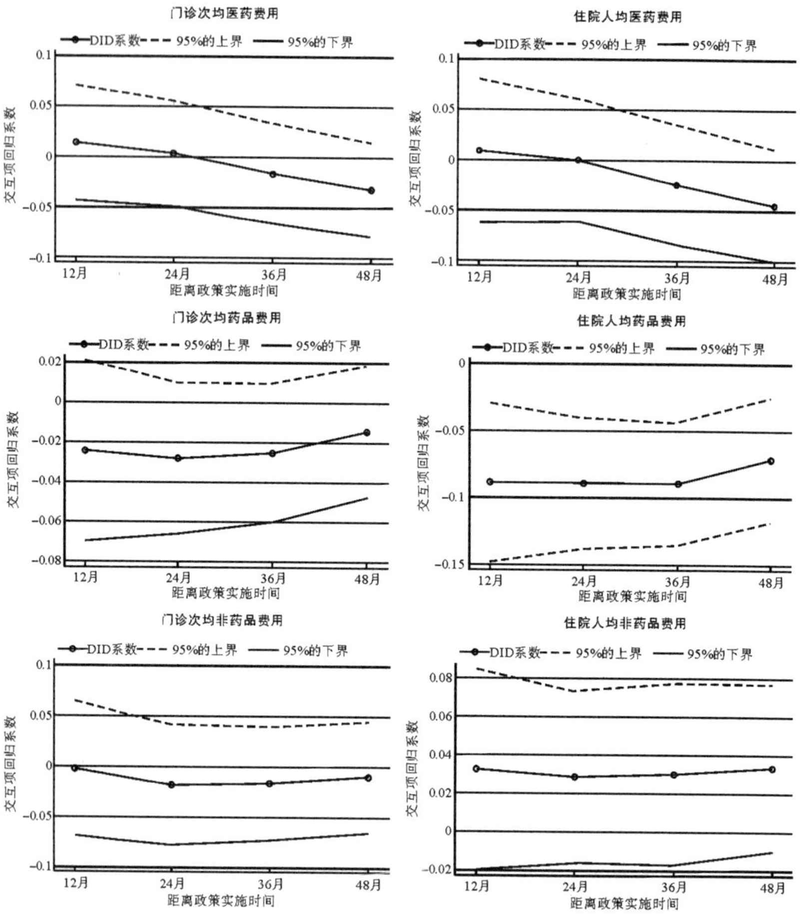

图 6-3　县级公立医院取消加成政策实施后的长期效果（12—48 月）

6.2.3　对城市公立医院的影响

1. 对门诊次均医药费用的影响

城市公立医院取消加成政策实施后，城市公立医院的药品费用减少，医药费用和其他医疗服务（如检查、治疗）的费用也受到显著影响。

取消加成政策实施后，城市公立医院相比非公立医院，门诊次均医药费用减少了 8.490%（$=1-\exp^{-0.0887}$，$p<0.001$），门诊次均检查费用提高了 2.530%（$=\exp^{0.0250}-1$，$p<0.001$），门诊次均药品费用和治疗费用分别减少了 5.300%（$=1-\exp^{-0.0545}$，$p<0.001$）和 3.430%（$=1-\exp^{-0.0349}$，$p<$

0.001）。取消加成政策对门诊次均医药费用影响的分析结果见表 6-11。

表 6-11　取消加成政策对城市公立医院门诊次均费用影响的分析结果

变量	门诊次均医药费用	门诊次均药品费用	门诊次均检查费用	门诊次均治疗费用
TREAT×postZMDP	-0.088 7***	-0.054 5***	0.025 0***	-0.034 9***
	-0.003 48	-0.005 18	-0.007 86	-0.014 5
卫生技术人员	-0.000 052	-0.000 052	-0.000 054	-0.000 054
	-0.000 03	-0.000 036	-0.000 052	-0.000 062
实有床位	0.000 047	0.000 049	0.000 068	0.000 005
	-0.000 032	-0.000 035	-0.000 055	-0.000 052
常数项	5.106***	4.156***	4.056***	3.207***
	-0.014 2	-0.011 4	-0.012 7	-0.025 6
医院固定	是	是	是	是
月份固定	是	是	是	是
R^2	0.704	0.578	0.807	0.735
样本数	1 881	1 881	1 881	1 881

2. 对住院人均医药费用的影响

取消加成政策实施后，城市公立医院相比非公立医院，住院人均医药费用减少了 1.460%（$=1-\exp^{-0.0147}$，$p<0.001$）。住院人均药品费用的政策系数估计值显著为负（$\beta=-0.0858$，$p<0.001$），住院人均检查费用和治疗费用的政策系数显著为正。这些结果表明，取消加成政策实施后，城市公立医院相比非公立医院，住院人均药品费用减少了 8.220%（$=1-\exp^{-0.0858}$），住院人均检查费用和治疗费用分别增加了 2.390%（$=\exp^{0.0236}-1$，$p<0.001$）和 1.870%（$=\exp^{0.0185}-1$，$p<0.001$）。取消加成政策对住院人均医药费用影响的分析结果见表 6-12，与表 6-11 中的门诊次均医药费用的分析结果相似。

表 6-12　取消加成政策对城市公立医院住院人均费用影响的分析结果

变量	住院人均医药费用	住院人均药品费用	住院人均检查费用	住院人均治疗费用
TREAT×postZMDP	-0.014 7***	-0.085 8***	0.023 6***	0.018 5***
	(0.001 0)	(0.000 6)	(0.005 0)	(0.005 6)
卫生技术人员	0.000 02	-0.000 030 2*	-0.000 034	0.000 039
	(0.000 0)	(0.000 0)	(0.000 0)	(0.000 1)
实有床位	-0.000 029	0.000 01	-0.000 012	-0.000 03
	(0.000 0)	(0.000 0)	(0.000 0)	(0.000 1)
常数项	8.754***	7.859***	6.610***	7.301***
	(0.006 5)	(0.011 2)	(0.011 3)	(0.012 4)
医院固定	是	是	是	是
月份固定	是	是	是	是
R^2	0.704	0.931	0.721	0.711
样本数	1 881	1 881	1 881	1 881

3. 对医疗服务的影响

以往的研究发现[4, 163, 233]，医疗机构可能会通过增加接纳住院患者或延长住院时间来应对收入损失的问题。因此，本书进一步研究了取消加成政策对医疗服务的影响，以及这些影响在不同医院之间的异质性。

取消加成政策使城市公立医院门诊总诊疗人次减少了 5.140%（$=1-\exp^{-0.0528}$，$p=0.433$）。出院人数的变化受到的影响并不显著，减少了 0.550%（$=\exp^{0.00545}-1$，$p=0.890$）。取消加成政策对医疗服务量影响的分析结果见表 6-13。

表 6-13　取消加成政策对城市公立医院医疗服务影响的分析结果

变量	总诊疗人次	出院人数
TREAT×postZMDP	-0.052 8	0.005 45
	(0.065 2)	(0.038 6)
卫生技术人员	0.001 42*	0.001 78***
	(0.000 8)	(0.000 5)

表6-13(续)

变量	总诊疗人次	出院人数
实有床位	0.000 317 (0.000 4)	0.000 664*** (0.000 2)
常数项	8.221*** (0.105 0)	5.627*** (0.205 0)
医院固定	是	是
月份固定	是	是
R^2	0.704	0.931
样本数	1 881	1 881

6.2.4 稳健性检验

1. 县级公立医院实施取消加成政策

(1) 共同趋势假设

使用 DID 分析进行回归估计需要满足共同趋势假设，即假设干预组个体没有接受干预，其结果的变动趋势将与对照组变动趋势相同，即政策实施前干预组和对照组不能有系统性的趋势差异。见图 6-4，政策实施前两组样本不存在显著差异，满足共同趋势假设。

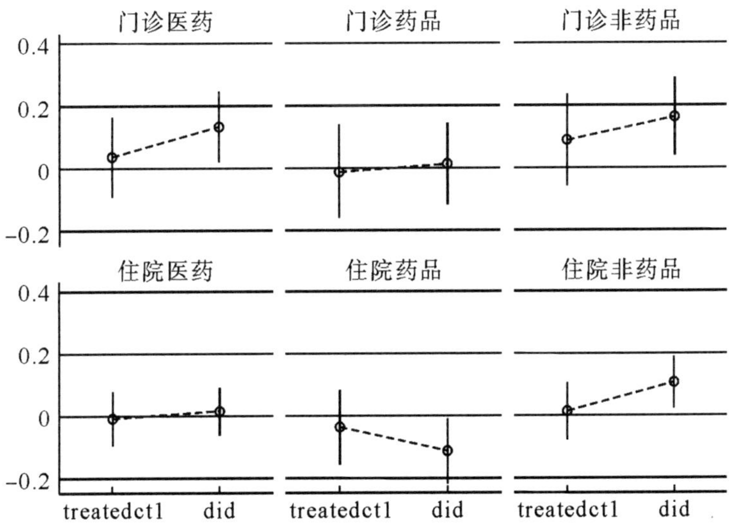

图 6-4 县级公立医院取消加成政策共同趋势检验

假设县级公立医院取消加成政策实施时间从 2013 年 1 月开始，政策时间的稳健性检验结果见表 6-14，研究发现所有费用指标的结果均不显著，这与原结果不同。

表 6-14 县级公立医院取消加成政策时间稳健性检验结果

Panel A：门诊服务				
变量	门诊次均医药费用	门诊次均药品费用	门诊次均非药品费用	总诊疗人次数
TREAT×postZMDP	0.027 3 (0.060 0)	-0.017 3 (0.072 4)	0.075 9 (0.068 4)	677.4 (8 706)
卫生技术人员	-0.000 746 (0.000 620)	-0.000 875 (0.000 749)	-0.000 626 (0.000 708)	84.51 (90.04)
床位数	0.000 190 (0.000 328)	0.000 122 (0.000 396)	0.000 208 (0.000 374)	-9.544 (47.57)
常数项	4.768*** (0.125)	3.928*** (0.151)	4.146*** (0.142)	111 778*** (18 117)
样本数	574	574	574	574
R^2	0.160	0.100	0.156	0.009
医院数量	288	288	288	288
年份固定	是	是	是	是
医院固定	是	是	是	是
Panel B：住院服务				
变量	住院人均医药费用	住院人均药品费用	住院人均非药品费用	出院人数
TREAT×postZMDP	0.001 08 (0.043 7)	-0.045 5 (0.063 0)	0.030 8 (0.043 3)	-103.2 (403.6)
卫生技术人员	-0.000 659 (0.000 443)	-0.001 19* (0.000 638)	-0.000 458 (0.000 439)	20.48*** (4.174)
床位数	0.000 097 5 (0.000 234)	0.000 221 (0.000 337)	0.000 030 8 (0.000 232)	12.49*** (2.206)
常数项	8.291*** (0.089 3)	7.434*** (0.129)	7.730*** (0.088 4)	1 841** (840.0)
样本数	573	573	573	574
R^2	0.146	0.017	0.288	0.297

表 6-14（续）

Panel B：住院服务				
变量	住院人均医药费用	住院人均药品费用	住院人均非药品费用	出院人数
医院数量	288	288	288	288
年份固定	是	是	是	是
医院固定	是	是	是	是

（2）安慰剂检验

按照前文随机分组情况，将原干预组的 176 家县级公立医院和原对照组的 45 家城市公立医院作为伪干预组，原干预组的 175 家公立医院和原对照组的 45 家公立医院作为伪对照组，进行安慰剂检验，检验结果见表 6-15。可以看出，门诊次均药品费用和住院人均药品费用的系数符号与前文相反，证明了原方程的政策效果不完全源于内生性偏误。

表 6-15　安慰剂检验分析结果

Panel A：门诊服务				
变量	门诊次均医药费用	门诊次均药品费用	门诊次均非药品费用	总诊疗人次数
TREAT×postZMDP	0.062 2**	0.093 9***	0.048 0*	-2，890
	(0.024 8)	(0.028 5)	(0.027 4)	(3 305)
卫生技术人员	-0.000 320	-0.000 404	-0.000 375	311.2***
	(0.000 299)	(0.000 344)	(0.000 331)	(39.93)
床位数	-0.000 267	-0.000 207	-0.000 294	111.7***
	(0.000 198)	(0.000 227)	(0.000 219)	(26.38)
常数项	4.779***	3.902***	4.202***	37 196***
	(0.055 0)	(0.063 1)	(0.060 8)	(7 331)
样本数	1 154	1 154	1 154	1 154
R^2	0.249	0.082	0.331	0.331
医院数量	291	291	291	292
年份固定	是	是	是	是
医院固定	是	是	是	是

表6-15(续)

Panel B：住院服务				
变量	住院人均医药费用	住院人均药品费用	住院人均非药品费用	出院人数
TREAT×postZMDP	0.046 8*** (0.016 2)	0.058 3*** (0.022 2)	0.042 0** (0.017 7)	-42.62 (161.2)
卫生技术人员	-0.000 139 (0.000 196)	-0.000 273 (0.000 269)	-0.000 080 (0.000 214)	17.47*** (1.948)
床位数	0.000 164 (0.000 129)	0.000 160 (0.000 177)	0.000 137 (0.000 141)	14.69*** (1.287)
常数项	8.165*** (0.036 0)	7.257*** (0.049 4)	7.624*** (0.039 3)	1 946*** (357.6)
样本数	1 153	1 153	1 153	1 154
R^2	0.278	0.015	0.459	0.555
医院数量	291	291	291	292
年份固定	是	是	是	是
医院固定	是	是	是	是

（3）PSM-DID

在本书的样本中，试点医疗机构和非试点医疗机构的在职人员和基础设施数据均有差异，如前文表 6-4 所示，对照组城市公立医院的卫生技术人员数和实有床位数更多。因此，本书结合倾向得分匹配方法（PSM）来解决控制变量的系统差异对政策效果估计可能造成的偏差。表 6-16 汇报了 PSM-DID 的回归结果。研究发现，PSM-DID 的分析结果和前文 DID 的结果在数值和显著性上都差别不大。这表明，原方程的政策效果不完全源于内生性偏误。

表 6-16 城市公立医院实施取消加成政策的 PSM-DID 分析结果

Panel A：门诊服务				
变量	门诊次均医药费用	门诊次均药品费用	门诊次均非药品费用	总诊疗人次数
TREAT×postZMDP	0.118** (0.047 9)	0.024 1 (0.055 3)	0.122** (0.052 8)	3 391 (6 128)
卫生技术人员	-0.000 314 (0.000 335)	-0.000 402 (0.000 387)	-0.000 403 (0.000 369)	275.5*** (42.87)
床位数	-0.000 267 (0.000 222)	-0.000 129 (0.000 256)	-0.000 335 (0.000 245)	102.3*** (28.43)
常数项	4.764*** (0.058 5)	3.873*** (0.067 5)	4.200*** (0.064 5)	42 450*** (7 485)
样本数	1 098	1 098	1 098	1 098
R^2	0.249	0.072	0.331	0.281
医院数量	284	284	284	284
年份固定	是	是	是	是
医院固定	是	是	是	是
Panel B：住院服务				
变量	住院人均医药费用	住院人均药品费用	住院人均非药品费用	出院人数
TREAT×postZMDP	0.019 0 (0.031 5)	-0.093 6** (0.043 1)	0.098 8*** (0.034 3)	217.6 (295.2)
卫生技术人员	-0.000 170 (0.000 219)	-0.000 268 (0.000 299)	-0.000 127 (0.000 238)	17.67*** (2.065)
床位数	0.000 169 (0.000 145)	0.000 180 (0.000 199)	0.000 119 (0.000 158)	13.70*** (1.370)
常数项	8.160*** (0.038 3)	7.245*** (0.052 3)	7.623*** (0.041 6)	1 942*** (360.6)
样本数	1 097	1 097	1 097	1 098
R^2	0.263	0.012	0.450	0.533
医院数量	284	284	284	284
年份固定	是	是	是	是
医院固定	是	是	是	是

2. 城市公立医院实施取消加成政策

（1）共同趋势检验

首先是比较取消加成政策实施前的共同趋势假设，即假设干预组个体没有接受干预，结果变化趋势与对照组相同（即政策实施前干预组与对照组不可能存在系统性的趋势差异）。在取消加成政策实施前，对照组和干预组的医疗和药品支出保持了大致相同的增长趋势，而在取消加成政策实施后，对照组和干预组的医疗和药品支出的增长趋势出现了明显的变化，见图 6-5。因此，本章采用 DID 模型检验取消加成政策对医疗和药品支出的影响，符合共同趋势假设。

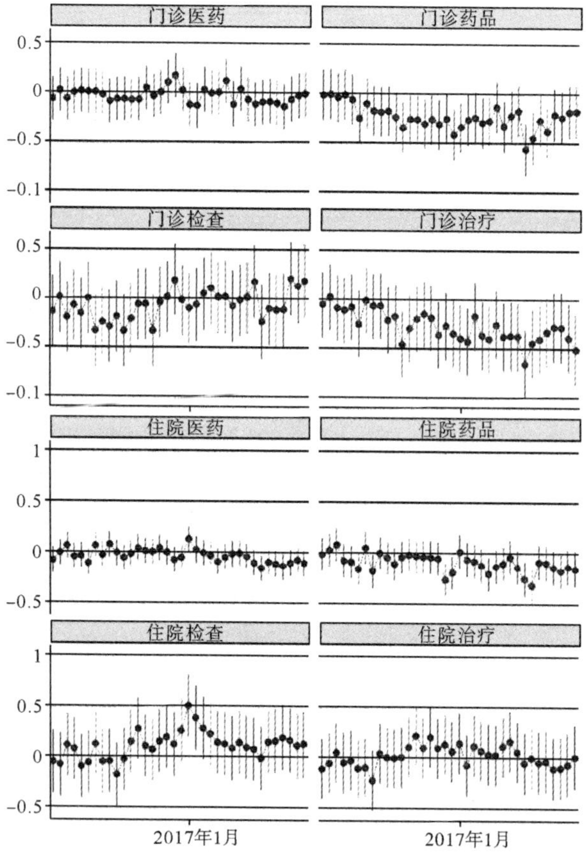

图 6-5　城市取消加成政策共同趋势检验

（2）安慰剂检验

其次是安慰剂检验，遵循换位检验的思路[231]，将原干预组（包含29家公立医院）和对照组（包含25家非公立医院）重新随机分为两组，形成伪干预组（包含12家公立医院和15家非公立医院）和伪干预组（包含17家公立医院和10家非公立医院）。具体回归结果见表6-17。与之前的DID结果相比，发现安慰剂相关性的估计存在矛盾，证明了原方程的政策效果不完全源于内生性偏误。

表6-17 取消加成政策对城市公立医院影响的安慰剂检验

Panel A：门诊服务					
变量	门诊次均医药费用	门诊次均药品费用	门诊次均检查费用	门诊次均治疗费用	总诊疗人次
TREAT×postZMDP	0.017 1**	0.012 3**	-0.003 76	0.066 6**	-0.107**
	(0.007 5)	(0.005 0)	(0.003 8)	(0.028 5)	(0.040 4)
R^2	0.645	0.547	0.806	0.495	0.186
样本数	1 881	1 881	1 881	1 881	1 881
Panel B：住院服务					
变量	住院人均医药费用	住院人均药品费用	住院人均检查费用	住院人均治疗费用	出院人数
TREAT×postZMDP	0.001 86	0.015 7**	-0.004 80*	-0.005 09*	-0.076 4
	(0.001 5)	(0.007 0)	(0.002 7)	(0.002 7)	(0.053 4)
R^2	0.701	0.904	0.718	0.71	0.374
样本数	1 881	1 881	1 881	1 881	1 881

（3）PSM-DID

最后是进行PSM-DID回归分析。参考Fu等（2018）[163]，我们通过倾向性得分匹配法与DID消除了取消加成政策实施前两组之间的可观察差异，分析结果见表6-18，可以发现PSM-DID的估计系数与表6-11、6-12、6-13中DID的结果相似。这表明，尽管样本可能存在偏差，但是这并未影响本书结论的稳健性。

表 6-18　城市公立医院的 PSM-DID 分析结果

Panel A：门诊服务					
变量	门诊次均医药费用	门诊次均药品费用	门诊次均检查费用	门诊次均治疗费用	总诊疗人次
TREAT×postZMDP	−0.087 6*** (0.003 8)	−0.050 2*** (0.007 5)	0.025 6** (0.009 0)	−0.345*** (0.018 5)	−0.048 1 (0.072 6)
R^2	0.678	0.591	0.801	0.758	0.182
样本数	1 609	1 609	1 609	1 609	1 609
Panel B：住院服务					
变量	住院人均医药费用	住院人均药品费用	住院人均检查费用	住院人均治疗费用	出院人数
TREAT×postZMDP	−0.015 5*** (0.000 7)	−0.085 2*** (0.000 5)	0.023 1*** (0.006 0)	0.015 9* (0.007 6)	0.058 5* (0.032 1)
R^2	0.693	0.928	0.716	0.732	0.446
样本数	1 609	1 609	1 609	1 609	1 609

6.3　本章小结

本章基于 2007—2016 年四川省医疗卫生机构月度统计数据，采用双重差分模型，评估四川省取消药品加成的政策效果。具体而言，该部分是从医疗机构层面进行分析的，主要包括以下六个方面：①县级公立医院取消药品加成对医院门诊和住院费用的影响；②县级公立医院取消药品加成对医院门诊和住院费用结构的影响；③县级公立医院取消药品加成对医疗服务量的影响；④城市公立医院取消药品加成对医院门诊和住院费用的影响；⑤城市公立医院取消药品加成对医院门诊和住院费用结构的影响；⑥城市公立医院取消药品加成对医疗服务量的影响。

研究发现，县级公立医院取消加成政策实施后，住院人均药品费用降低 9.480%（$p<0.001$）；城市公立医院取消加成政策实施后，门诊次均药品费用和住院人均药品费用分别降低 8.490%（$p<0.001$）和 1.460%（$p<0.001$）。无论县级公立医院还是城市公立医院，取消加成政策的实施对其

医疗服务量（总诊疗人次数和出院人数）均无显著影响。这些研究结果表明，取消药品加成政策实施后，公立医院通过增加非药品的医疗服务的费用，从而部分抵消了其药品费用（收入）的减少。本章实证分析也存在一些不足，如没有考察其他医疗服务收入（如护理服务、医用耗材等）和补偿（如财政补助、医院管理提升等）的变化，这可能会影响医疗总费用的变化。由于本书进行取消加成政策效果评估的样本只包括综合医院，分析结果可能不适用于中医医院或其他专科医院。根据现有的研究[164]，中医医院由于在改革前对药品销售的依赖性较强，可能会在药品收入上遭受较大损失。由于我国深化医疗卫生体制改革一直在推进，未来还会有其他与药品支出相关的政策影响到取消加成政策在公立医院的实施效果，因此取消加成政策的长期效果需要更多数据和其他实证策略来进行评估。

7 药品国家集中采购政策对公立医院药品采购的影响

为深化医疗卫生体制改革，完善药品价格形成机制，中央全面深化改革委员会于 2018 年 11 月审议通过《国家组织药品集中采购试点方案》，选择国内 11 个试点城市的公立医疗机构实施首轮国家集中采购，随后在 12 月完成首轮 25 个中选品种的招标，并于 2019 年 4 月在试点城市公立医院全面实施。

7.1 研究设计

7.1.1 实证策略和假设检验

国家集采政策主要目的在于实现买方采购的规模效应，在降低药品采购价格的同时也保证采购量得到执行。根据第 2 章相关概念和理论框架中 2.3 节理论模型的医疗服务供给者的行为分析部分，药品价格规制政策可能对医疗服务提供者（即医疗机构）药品购买部分产生影响，根据本书所提出的假设 4 对于药品采购的影响，选择药品首轮国家集采政策来进行分析。为此本书主要比较实施国家集采政策的北京地区的公立医院和未实施国家集采政策的浙江地区的公立医院的药品采购情况（含采购价格、采购数量、采购金额等）。将干预组北京地区公立医院实施政策前后的药品采购情况进行对比，显然不能说明造成这种费用差异的原因是药品国家集采政策的实施，为此用非干预对象的浙江地区的公立医院作为对照组。为去除两地医院间系统性差异，采用双重差分法来分析两地公立医院在药品国家集采政策实施前后药品采购情况变化的差异。

国家集采政策首先在试点地区按中选价格采购约定数量的中选品规药品，而非试点地区则对中选品规的采购价格和采购价格理论上保持不变或增长情况与以往相同，因此构成一次准实验，试点地区的公立医院作为干预组，非试点地区的公立医院作为对照组，二者在药品采购上的差异可以视作对国家集采政策的实施效果评估。

尽管首轮国家集采政策于 2018 年 12 月公布了中标结果，但是根据联合采购办公室的资料，中标结果却于 2019 年 4 月才开始全面在试点地区落地实施。本书将 2019 年 4 月视为首轮国家集采政策的实施时间。另外，考虑到药品使用具有周期性波动的特点，为了减少不同时间段带来的偏差，分析时选择实施前后相同的时间段进行比较。国家集采政策的主要时间节点与本书评估的时间段的时间轴示意见图 7-1。

图 7-1　首轮国家集采政策主要时间节点

考虑到国家集采政策对中选品规的采购价格和采购数量进行了事先约定，除了检验中选品规的采购情况变化外，对于政策未涉及的非中选品规仍然需要考虑在内，这是由于非中选品规与中选品规存在竞争/替代情况，对这种非政策目标但仍受政策影响的对象的研究，可视为对政策溢出效应的评估。因此，除了首批 25 个中选品规外（见表 4-6 首轮国家集采中选情况），本书还将与中选品规化学名相同的非中选品规纳入政策溢出效应分析，具体而言主要包括三类：一是中选品种的其他规格，即产自中选品种相同的生产企业、但是规格不相同的药品，当国家集采政策实施后，会受到政策溢出效应的影响，但受影响程度不如中选品规；二是与中选品种通用名相同的其他药品，这类品规与中选品规的差别在于生产企业不同，由于这类品种与中选品规存在直接竞争情况，因此当国家集采政策实施后，这类药品受到的影响可能最大；三是与中选品种化学名相同但通用名不同的其他品规，这类品规与中选品规的差别在于药品主要化学成分相同，但是在剂型上存在差别，与中选品规并非直接竞争的情况，因此当国家集采政策实施后，这类药品也会受到一定影响。不同类型的非中选品规之间的差异见表 7-1。

表 7-1　非中选品规与中选品规的比较

分类	药品属性			
	有效成分	剂型	生产企业	规格
中选品种其他规格	相同	相同	相同	不同
通用名相同	相同	相同	不同	不同
化学名相同	相同	不同	不同	不同

计量经济学模型如下：

$$\log(Y_{i,t}) = \alpha_0 + \beta_1 \times \text{PILOT}_i \times \text{post NCDP}_t + \delta X_{i,t} + \mu_i + \gamma_t + \varepsilon_{i,t} \tag{7.1}$$

$Y_{i,t}$ 表示医院 1 个月药品的采购价格、采购数量及采购金额，其中 i 表示试点地区北京市及非试点地区浙江省的公立医院，t 为样本期（2018 年 4 月—12 月和 2019 年 4 月—12 月）中任意一月；

$\text{PILOT}_i \times \text{post NCDP}_t$ 是本书感兴趣的变量。PILOT_i 表示国家集采的试点地区 i 取值为 1，非国家集采试点地区则取值为 0；post NCDP_t 是向量在政策实施后的月份时取值为 1，其他月份则取值为 0。$\text{PILOT}_i \times \text{post NCDP}_t$ 的系数 β_1 度量国家集采对采购情况（如采购价格，采购数量，采购金额）的影响。

$X_{i,t}$ 是本书需要控制的影响药品采购的其他因素：①医疗机构层面的特征变量，包括医院的等级和类型，用以评估政策执行是否与其他变量无关。这些变量影响医疗机构的收入，但并非国家集采政策实施对象；②药品品种的特征变量，主要包括药品的治疗属性。

所有估计值都包括医院个体固定效应（μ_i），用以控制医院中未观察到的随时间变化的个体异质性；控制所有医院共有的可变月份效应的月份虚拟变量向量（γ_t），用以控制药品采购的时间变化。$\varepsilon_{i,t}$ 为随机误差项。

7.1.2 稳健性检验

本书通过三项稳健性检验方式来检验 DID 结果是否存在选择偏差。

第一项是共同趋势检验，即假设干预组个体没有接受干预，其结果的变动趋势将与对照组的变动趋势相同，即政策实施前干预组和对照组不能有系统性的趋势差异。

第二项安慰剂检验遵循置换检验思想[231]，本书将事实的对照组（浙江省）和干预组（北京市）进行完全随机分组，形成伪对照组和伪干预组，进行安慰剂检验。具体如下：分组前，干预组（北京市）包括 2 071 家公立医院，对照组（浙江省）包括 1 881 家公立医院；分组后，原干预组的 1 027 家公立医院和原对照组的 949 家公立医院作为伪干预组，原干预组的 1 044 家公立医院和原对照组的 931 家公立医院为伪对照组，进行安慰剂检验。分组情况见表 7-2。

表 7-2 安慰剂检验随机分组情况

项目	分组前			分组后		
	北京	浙江	总量	北京	浙江	总量
试点组	2 071	0	2 071	1 027	949	1 976
对照组	0	1 887	1 887	1 044	931	1 975
总量	2 071	1 887		2 071	1 880	

第三项安慰剂检验为虚构政策实施时间，本书参考安慰剂检验方法[164]，按虚构的政策时间对现有试点组和对照组进行 DID 估计，如果回归结果显示虚构的政策实施时间后所选药品的销量明显增加，而价格也呈现明显下降趋势，则说明中选药品的回归结果有偏差。首先设定 2018 年 4 月至 12 月为虚构的时间窗口，并确定 2018 年 8 月 1 日为虚构的政策实施时间，因此将 2018 年 4 月至 7 月定义为政策实施前，2018 年 9 月至 12 月定义为政策实施后，然后重新对选定药品进行回归分析。

7.1.3 变量选取

为了分析国家集采政策对药品采购情况的影响，本书选择了采购价格、采购数量和采购金额三个主要指标作为因变量。因为同一公立医疗机构在同一统计时间（月份）会结合具体实际采购不同药品，因此有些药品会因为库存、预备等情况出现非连续采购（即采购数据的不连续）情况，为了减少这种缺失带来的偏差，本书对三个主要指标分别进行了不同处理。

采购价格，即单个品规的药品采购价格，是医院向医药厂商直接采购时的成本，用以评估药品采购的单位成本。因为采购价格无法进行加和，为了评估采购价格的一般情况和减少异常值带来的误差，选择中位数和平均值两个统计指标来计算某类药品的采购价格。采购数量，是医院向医药厂商直接订购时的数量，也反映医院对药品的需求情况。采购金额一般为采购价格和采购数量的乘积，反映医院对某品规药品的整体采购情况。本书对同一家医院在同一统计时间对不同类型药品的采购数量和采购金额进行加和，来计算某类药品的采购数量和采购金额。

7.1.4 数据来源及描述性统计

药品采购数据项目由医睦研究院于 2016 年 1 月至 2020 年 1 月之间组织和实施。该项目通过收集华北、华东、华中、华南地区多个省份共5 000 余家城市医院，3 000 多家县级医院及 10 000 多家基层医疗机构的 2016—

2019 年医疗机构每月的药品采购数据，旨在评估与药品有关政策的效果。在药品采购数据库中，每个采购记录都包含医疗机构的基本特征，药品属性（通用名称、剂型、规格、药品制造商），药品采购情况（采购时间、采购价格、采购量、采购金额）等统计信息。基于以上数据，本书纳入了具有以下标准的样本：①与首轮集中采购政策相关的品种及与其化学名相同的品种；②时间范围为 2018 年 4 月至 12 月和 2019 年 4 月至 12 月两个时间段的样本；③购买药品的医疗机构来自试点城市北京市和非试点地区浙江省的样本。最后，形成本书分析所需的 2018—2019 年北京市和浙江省药品采购月度统计数据，包含约 110 万条采购记录，涉及 76 种药品（按通用名称），3 958 家医疗机构（其中北京 2 071 家、浙江 1 887 家），345 家药品生产商，总采购金额约 2 300 万元。

本书对数据中的药品采购信息进行了初步处理，将药品分为中选品规、中选品种其他规格、与中选品种通用名相同和与中选品种化学名相同四类进行分析与对比。政策实施前后北京市（干预组）和浙江省（对照组）每家医院每月不同类型药品的采购变化情况见表 7-3。北京市不同类型药品在政策实施后的采购价格、采购数量、采购金额相比实施前的变化均不相同。具体而言，对于中选品规，在政策实施后的采购价格平均减少了 37. 57 元，采购金额平均减少了 6 693. 05 元，采购数量的增幅则达到了 165. 3%；与中选品规相比，中选品种其他规格的变化与中选品规基本一致，但价格的减少幅度和采购量的增加幅度都不如中选品规；而与中选品种通用名相同品种的药品采购数量大幅减少了 35. 9%，采购金额也减少最多，由原先的 26 万元减少到了 15 万元左右；与中选品种化学名相同品种的采购数量和采购金额与通用名相同品种的变化一样，但是幅度较小。而浙江省无论何类药品，政策实施后的采购价格、采购数量、采购金额相比实施前均出现增加。

表 7-3　描述性统计结果

药品类型	因变量	组别	平均值			差值
			全体	实施前	实施后	
中选品规	采购金额（求和）	试点	38 418.29	42 218.11	35 525.06	-6 693.05**
		对照	99 103.09	72 911.26	137 608.53	64 697.26***
	采购数量（求和）	试点	1 464.74	757.55	2 003.21	1 245.66***
		对照	1 906.89	1 372.67	2 692.26	1 319.59***
	采购价格（中位数）	试点	23.96	39.28	12.30	-26.97***
		对照	60.08	60.22	59.87	-0.35
	采购价格（平均值）	试点	34.74	56.07	18.50	-37.57***
		对照	75.17	70.23	82.44	12.21***
N			37 917	18 721	19 196	
中选品种其他规格	采购金额（求和）	试点	35 601.31	53 561.66	19 079.61	-34 482.05***
		对照	59 361.49	46 465.74	80 502.86	34 037.11***
	采购数量（求和）	试点	1 336.96	1 212.39	1 451.55	239.15***
		对照	1 071.44	887.35	1 373.25	485.90***
	采购价格（中位数）	试点	30.95	47.52	15.71	-31.80***
		对照	53.00	49.20	59.21	10.01***
	采购价格（平均值）	试点	31.78	48.21	16.67	-31.54***
		对照	53.70	49.95	59.86	9.91***
N			31 707	16 883	14 824	
通用名相同	采购金额（求和）	试点	207 247.98	260 767.64	149 297.12	-111 470.52***
		对照	356 625.92	259 560.41	521 596.23	262 035.82***
	采购数量（求和）	试点	4 357.20	5 265.53	3 373.66	-1 891.86***
		对照	8 802.67	5 937.55	13 672.16	7 734.61***
	采购价格（中位数）	试点	33.96	34.17	33.74	-0.44
		对照	31.60	31.38	31.98	0.60**
	采购价格（平均值）	试点	53.13	55.13	50.96	-4.17**
		对照	74.48	71.45	79.63	8.18***
N			46 912	26 488	20 424	

表7-3(续)

药品类型	因变量	组别	平均值			差值
			全体	实施前	实施后	
化学名相同	采购金额（求和）	试点	81 096.41	85 929.98	76 088.90	-9 841.09*
		对照	214 764.92	150 708.83	322 644.98	171 936.15***
	采购数量（求和）	试点	2 102.24	2 287.40	1 910.41	-376.99***
		对照	6 810.03	4 730.82	10 311.73	5 580.91***
	采购价格（中位数）	试点	35.61	34.60	36.64	2.04***
		对照	32.80	32.49	33.33	0.84*
	采购价格（平均值）	试点	38.74	38.37	39.13	0.76***
		对照	37.19	36.31	38.68	2.37***
N			46 289	25 769	20 520	

7.2 研究结果

7.2.1 对具体中选品种采购的影响

因为25个中选品规代表不同类型的治疗药品，并且降价幅度也并不一致，所以本书也分析了国家集采政策对具体中选品规的影响，回归结果见表7-4。由于苯磺酸氨氯地平片、头孢呋辛酯片等共8种药品缺少政策实施前北京市或浙江省的数据，因此本书只对25种中选品规中的17种药品进行分析比较。

表7-4 国家集采政策对具体中选品规的影响

中选药品通用名	样本数	log 采购金额	log 采购数量	log 中位数价格	log 平均价格
1-阿托伐他汀钙片	11 387	-0.954***	0.835***	-1.789***	-1.789***
2-瑞舒伐他汀钙片	12 883	-1.401***	-1.245***	-0.165***	-0.165***
3-硫酸氢氯吡格雷片	6 125	-0.787***	0.203	-0.990***	-0.990***
4-厄贝沙坦片	7 801	-0.696***	0.966***	-1.658***	-1.659***
5-苯磺酸氨氯地平片	9 301	—	—	—	—

表7-4(续)

中选药品通用名	样本数	log 采购金额	log 采购数量	log 中位数 价格	log 平均价格
6-恩替卡韦分散片	6 686	−2.501***	0.186	−2.701***	−2.700***
7-草酸艾司西酞普兰片	2 828	−0.211*	0.345***	−0.557***	−0.557***
8-盐酸帕罗西汀片	3 897	−0.890***	0.092 3	−0.979***	−0.979***
9-奥氮平片	1 640	−0.286**	0.080 0	−0.366***	−0.366***
10-头孢呋辛酯片	7 724	—	—	—	—
11-利培酮片	919	−1.078***	0.638***	−1.716***	−1.715***
12-吉非替尼片	825	−0.474**	0.987***	−1.461***	−1.461***
13-福辛普利钠片	15 375	−1.156***	0.013 2	−1.170***	−1.170***
14-厄贝沙坦氢氯噻嗪片	10 026	—	—	—	—
15-赖诺普利片	505	−1.118***	0.092 2	−1.210***	−1.210***
16-富马酸替诺福韦二吡呋酯片	557	—	—	—	—
17-氯沙坦钾片	10 576	−1.009***	0.081 9	−1.090***	−1.092***
18-马来酸依那普利片	10 671	−0.921***	−0.106*	−0.818***	−0.818***
19-左乙拉西坦片	817	0.172	0.389	−0.217***	−0.217***
20-甲磺酸伊马替尼片	877	−0.628***	−0.150	−0.478***	−0.478***
21-孟鲁司特钠片	7 152	—	—	—	—
22-蒙脱石散	3 614	—	—	—	—
23-注射用培美曲塞二钠	379	—	—	—	—
24-氟比洛芬酯注射液	3 128	−1.063***	−0.096 5	−0.966***	−0.966***
25-盐酸右美托咪定注射液	793	—	—	—	—
协变量		是	是	是	是
医院、年份固定		是	是	是	是

注：表中部分药品的回归结果为空白代表该药品缺少国家集采政策实施前北京或浙江的数据。

研究结果显示，相对于非试点地区（对照组），试点地区（干预组）各中选品规的采购价格在政策实施后均显著下降。其中恩替卡韦分散片的采购价格降幅最高，降幅为 270.100%；瑞舒伐他汀钙片和左乙拉西坦片的采购价格降幅偏低，降幅分别为 16.500%和 21.700%。相比于整体中选品规的采购金额略微下降、采购数量显著上升，具体各中选品规的变化则存在差异。在采购金额方面，试点地区（干预组）政策实施后，左乙拉西坦片增幅 17.200%，但结果不显著，而其余 16 种中选品规均显著下降；恩替卡韦分散片采购金额降幅最高，降幅为 250.100%；草酸艾司西酞普兰片降幅为最低，只下降了 21.100%。在采购数量方面，政策实施后，厄贝沙坦片和吉非替尼片显著增加，增幅几乎都达到了 1 倍；但 17 种中选品规中有 4 种药品采购数量出现了下降，其中瑞舒伐他汀钙片在政策实施后采购数量显著下降了 124.500%；马来酸依那普利片显著下降了 10.600%。

为了更直观地展示这些药品的采购数量与采购价格之间的关系，以表 7-4 中的采购数量回归系数为横坐标，采购平均价格回归系数为纵坐标，绘制二者相关图，发现随着采购数量的回归系数增加，采购价格回归系数呈下降趋势，采购数量与采购系数之间为负相关，见图 7-2。

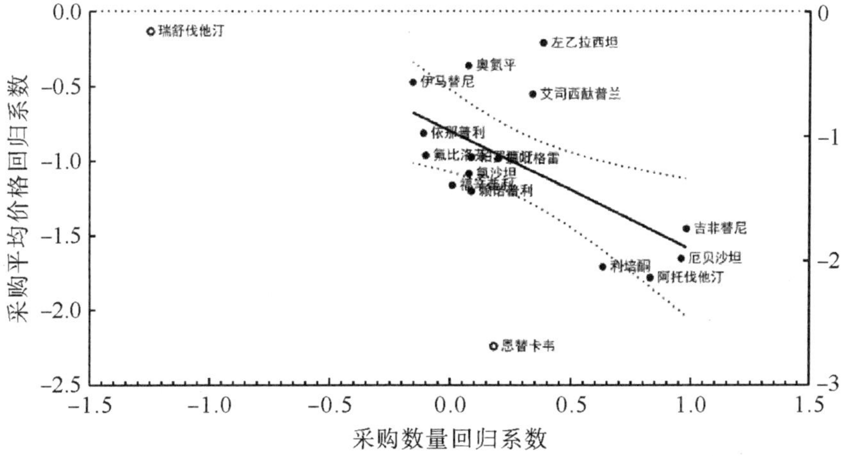

图 7-2　采购价格回归系数与采购数量回归系数相关图

7.2.2 对非中选品种采购的影响

除了中选品规外，与中选品规存在竞争/替代情况的非中选品种也会受到国家集采政策的影响，对不同类型药品在国家集采政策实施后的回归结果汇总见表 7-5。从整体中选品规来看，模型中加入医院固定效应后，相比于非试点地区（对照组），试点地区（干预组）在政策实施后对中选药品的采购数量显著增加了 93.400%；采购价格降幅为 113.500%；采购金额变化不显著。

表 7-5 国家集采政策对不同类型药品采购的影响

因变量	药品类型			
	中选品规	中选品种其他规格	通用名相同	化学名相同
log 采购金额	−0.122 (0.097 4)	−1.000*** (0.059 8)	−1.041*** (0.096 5)	−0.702*** (0.073 5)
log 采购数量	0.934*** (0.114)	0.281*** (0.075 3)	−0.983*** (0.094 6)	−0.749*** (0.068 5)
log 中位数价格	−1.135*** (0.030 0)	−1.271*** (0.044 7)	0.005 97 (0.010 5)	0.051 2*** (0.011 7)
log 平均价格	−1.046*** (0.026 8)	−1.165*** (0.034 8)	−0.055 4*** (0.013 5)	0.026 2*** (0.009 83)
医院数量	3 181	2 757	3 172	3 133
样本数	37 875	31 658	46 830	46 230
R^2	0.092	0.180	0.190	0.121
协变量	是	是	是	是
医院、年份固定	是	是	是	是

在非中选品规药品方面，中选品种其他规格的药品（同类未入围品种）在政策实施后采购数量显著增加了 28.100%，采购金额和采购价格分别显著下降 100.000%和 127.100%。与前文假设一致，中选品种其他规格的药品受到了政策溢出效应的影响，但受影响程度不如中选品规的药品。对于和中选品规通用名相同但生产企业不同及和中选品规化学名相同但通

用名不同的药品，研究结果显示在政策实施后这两类药品采购金额和采购数量均显著下降，其中政策的实施对前者的影响要更大，这也符合由于竞争关系的存在而导致的这两类药品采购数量大幅下降的假设。另外，政策实施对这两类药品采购价格下降影响较小。

7.2.3 对不同类型医疗机构药品采购的影响

由于信息不对称，患者对于疾病类型及其严重程度难以有准确判断[75]，因此在就诊时往往优先考虑医疗服务质量[234, 235]；不同类型的医疗机构在医疗服务质量（含药事服务）上也存在差异，因此对不同疾病类型和严重程度的患者的接收也存在差异。本书根据医疗机构类型的不同，将样本分为基层机构和医院机构两类，以分析国家集采政策对各类医疗机构药品采购影响的异质性。其中，基层机构包括乡镇卫生院、村卫生室、门诊部/诊所、社区卫生服务站和社区卫生服务中心，医院机构包括企事业（单位）医院、军区医院、区（县、市）级医院、市级医院、省级医院和部属医院。国家集采政策对不同类型医疗机构药品采购的影响的 DID 回归结果见表 7-6。

表 7-6 国家集采政策对不同类型医疗机构药品采购的影响

因变量	医疗机构类型	药品类型			
		中选品规	中选品种其他规格	通用名相同	化学名相同
log 采购金额	1-基层机构	−0.218*	−0.791***	−0.982***	−0.630***
		(0.115)	(0.083 1)	(0.104)	(0.087 8)
	2-医院机构	0.028 8	−1.321***	−1.373***	−0.757***
		(0.094 2)	(0.072 5)	(0.077 7)	(0.051 6)
log 采购数量	1-基层机构	0.904***	0.534***	−0.852***	−0.644***
		(0.133)	(0.096 7)	(0.102)	(0.082 5)
	2-医院机构	0.965***	−0.141*	−1.396***	−0.834***
		(0.116)	(0.081 7)	(0.075 2)	(0.053 7)
log 中位数价格	1-基层机构	−1.177***	−1.331***	−0.056 8***	0.033 4**
		(0.035 7)	(0.052 0)	(0.015 8)	(0.013 0)
	2-医院机构	−1.094***	−1.121***	0.093 1***	0.074 3***

表7-6(续)

因变量	医疗机构类型	药品类型			
		中选品规	中选品种其他规格	通用名相同	化学名相同
		(0.035 8)	(0.053 2)	(0.023 0)	(0.011 4)
log 平均价格	1-基层机构	-1.052***	-1.212***	-0.122***	0.004 49
		(0.032 2)	(0.039 4)	(0.013 8)	(0.010 8)
	2-医院机构	-0.962***	-0.985***	-0.017 6	0.003 75
		(0.052 9)	(0.049 6)	(0.032 9)	(0.016 0)
N1		28 564	23 434	36 408	35 918
N2		9 314	8 227	10 425	10 315
医院、年份固定		是	是	是	是

注：N1 和 N2 分别表示基层医疗机构和公立医院对不同药品类型回归时的样本量。

在中选品规方面，基层机构与医院机构的采购金额在政策实施后变化不同，其中基层机构采购金额下降了 21.800%，在 10%水平下降显著，而医院机构的采购金额的增幅为 2.880%，但结果不显著；采购数量和采购价格的变化基本一致，均为采购数量显著上升，采购价格显著下降。在非中选品规方面，基层机构中选品种其他规格的药品的采购数量也呈上升趋势，但增幅不如中选品规，而医院机构的采购数量则显著降低 14.100%，这与前文 7.2.2 节分析得到的在政策实施后中选品种其他规格药品的采购数量显著上升的结论相反。另外，国家集采政策对两类医疗机构关于通用名相同和化学名相同的药品采购影响变化基本一致，政策实施后采购金额和采购数量均显著下降，而采购价格变化不显著。

北京作为直辖市，其非城市医疗机构的样本较少，而浙江省农村医疗机构的样本较多，这可能扩大了政策对不同类型医疗机构药品采购的部分影响。为了保证回归结果的稳健性，本书将样本范围进一步缩小为城市基层医疗机构与城市等级医院进行分析，国家集采政策对城市不同类型医疗机构药品采购的影响的 DID 回归结果见表 7-7。与上文全样本回归的结果相比，城市等级医院中选品规的采购金额在政策实施后变化一致，增幅 19.000%；城市等级医院在中选品种其他规格药品的采购数量上依旧呈下降趋势，但结果不再显著。另外城市基层医疗机构各类药品的采购金额、采购数量和采购价格的变化在政策实施后均与全样本回归时保持一致。

表 7-7 政策对城市不同类型医疗机构药品采购的影响

因变量	医疗机构类型	药品类型			
		中选品规	中选品种其他规格	通用名相同	化学名相同
log 采购金额	1-城市基层医疗机构	−0.223*	−0.852***	−0.942***	−0.642***
		(0.132)	(0.096 6)	(0.120)	(0.101)
	2-城市等级医院	0.190*	−1.256***	−1.232***	−0.613***
		(0.103)	(0.083 2)	(0.089 0)	(0.069 8)
log 采购数量	1-城市基层医疗机构	0.868***	0.458***	−0.837***	−0.664***
		(0.153)	(0.116)	(0.116)	(0.096 4)
	2-城市等级医院	1.144***	−0.082 8	−1.225***	−0.666***
		(0.121)	(0.088 4)	(0.086 3)	(0.071 8)
log 中位数价格	1-城市基层医疗机构	−1.139***	−1.302***	−0.014 7	0.043 7***
		(0.041 2)	(0.051 8)	(0.016 5)	(0.012 2)
	2-城市等级医院	−1.101***	−1.111***	0.068 6***	0.068 8***
		(0.037 0)	(0.057 0)	(0.024 1)	(0.012 9)
log 平均价格	1-城市基层医疗机构	−1.024***	−1.194***	−0.085 0***	0.010 4
		(0.038 0)	(0.039 1)	(0.015 4)	(0.010 1)
	2-城市等级医院	−0.971***	−0.980***	−0.007 75	−0.014 6
		(0.062 1)	(0.052 6)	(0.036 5)	(0.018 3)
N1		23 979	20 267	29 491	29 186
N2		6 049	5 325	6 734	6 663
医院、年份固定		是	是	是	是

注：N1 和 N2 分别表示城市基层医疗机构和城市等级医院对不同药品类型回归时的样本量。

7.2.4 对不同等级公立医院药品采购的影响

为了探究不同等级的公立医院在国家集采政策实施后药品采购的异同，本书首先将“不清楚”和“未评级”的样本删去，随后把剩余样本按照评级标准分为三级医院、二级医院和一级医院。其中三级医院包括三甲、三乙、三丙和三级不确定的公立医院；二级医院包括二甲、二乙、二丙和二级不确定的公立医院；一级医院包括一甲、一乙、一丙和一级不确定的公立医院。表 7-8 汇总了国家集采政策对不同等级公立医院药品采购的 DID 回归结果。

表 7-8　国家集采政策对不同等级公立医院药品采购的影响

因变量	医疗机构类型	药品类型			
		中选品规	中选品种其他规格	通用名相同	化学名相同
log 采购金额	1-三级医院	0.116	−1.574***	−1.014***	−0.564***
		(0.107)	(0.154)	(0.091 9)	(0.067 0)
	2-二级医院	0.090 6	−1.238***	−1.787***	−0.881***
		(0.115)	(0.132)	(0.130)	(0.077 4)
	3-一级医院	0.334	−0.870***	−1.057***	−0.553***
		(0.267)	(0.232)	(0.112)	(0.094 9)
log 采购数量	1-三级医院	1.076***	−0.413***	−1.074***	−0.613***
		(0.118)	(0.116)	(0.087 7)	(0.078 2)
	2-二级医院	0.961***	0.038 8	−1.833***	−0.997***
		(0.113)	(0.130)	(0.119)	(0.081 4)
	3-一级医院	1.491***	0.380*	−0.916***	−0.595***
		(0.275)	(0.211)	(0.114)	(0.089 3)
log 中位数价格	1-三级医院	−1.174***	−1.021***	0.137***	0.080 3***
		(0.068 1)	(0.062 6)	(0.047 1)	(0.025 5)
	2-二级医院	−1.010***	−1.217***	0.095 0***	0.090 8***
		(0.054 4)	(0.092 6)	(0.027 9)	(0.016 5)
	3-一级医院	−1.251***	−1.283***	−0.026 6	0.058 9***
		(0.070 7)	(0.106)	(0.023 2)	(0.020 1)
log 平均价格	1-三级医院	−1.102***	−0.836***	−0.009 43	−0.063 5**
		(0.130)	(0.069 5)	(0.060 6)	(0.027 2)
	2-二级医院	−0.835***	−1.073***	−0.015 5	0.033 1
		(0.094 2)	(0.073 7)	(0.044 7)	(0.021 5)
	3-一级医院	−1.059***	−1.165***	−0.123***	0.020 2
		(0.060 5)	(0.085 4)	(0.033 2)	(0.019 6)
N1		3 074	2 716	3 182	3 169
N2		4 326	3 897	4 766	4 809
N3		2 694	2 403	2 987	3 001
医院、年份固定		是	是	是	是

注：N1、N2 和 N3 分别表示三级、二级和一级医院对不同药品类型回归时的样本量。

根据表 7-8 结果，各级公立医院中选品种的采购数量和采购价格在政策实施后均呈显著上升和显著下降趋势，但变化幅度有所差异。其中，一级医院中选品规药品的采购数量在政策实施后的增幅接近 1.5 倍，三级医院和二级医院增幅相近，均为 1 倍左右；另外三种级别的医院中选品种采购平均价格在政策实施后的降价幅度均为 0.8~1.1 倍。与全样本回归时相反，所有级别的医院中选品规药品的采购金额在政策实施后均呈上升趋势，但结果均不显著。其中一级医院增幅最高，达到了 33.400%。在非中选品规方面，各级医院的药品采购金额和采购价格在政策实施后均显著下降；而采购数量变化则不同，三级医院的采购数量在政策实施后显著下降 41.300%，而二级医院和一级医院则呈上升趋势。对于通用名相同和化学名相同的两类药品，各级医院在政策实施后的药品采购变化趋势与全样本回归时的结果一致，采购金额和采购数量均显著下降，同时采购价格变化幅度较小。

7.2.5 稳健性检验

1. 平行趋势检验

使用双重差分模型需要满足平行趋势假设，即假设试点地区没有受到带量采购政策干预，则试点地区和非试点地区的变动趋势将基本相同，也即带量采购政策实施前北京市和浙江省不能够存在系统性的趋势差异。

为了观察试点地区北京市和非试点地区浙江省在政策实施前（2018 年 4 月—12 月）和政策实施后（2019 年 4 月—12 月）其中选药品采购价格、采购数量和采购金额的变化趋势，对上述指标取平均值作为纵坐标，以时间为横坐标，绘制政策实施前后两组中选品规采购情况变化见图 7-3。另外，根据事件研究法原理生成月份时间虚拟变量与试点组虚拟变量的交互项（其中以第一期时间虚拟变量 2018 年 4 月作为基准组），将这些交互项作为解释变量进行回归得到交互项回归系数作为纵坐标，时间序数作为横坐标的回归系数变化见图 7-4。图形显示，在政策实施以前，试点地区和非试点地区采购情况的变化趋势基本一致。但在带量采购政策实施后，两地中选药品的采购价格、采购数量和采购金额均出现了不同变化趋势。本书认为试点组和对照组符合平行趋势的假设。

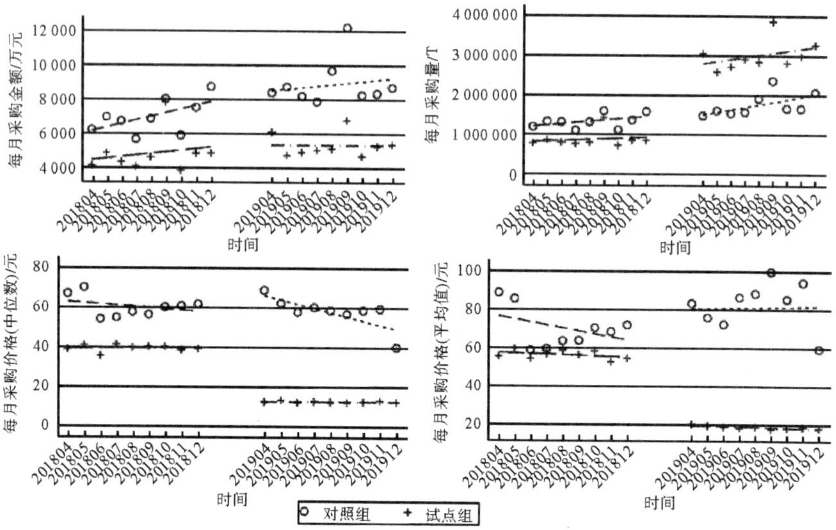

图 7-3　国家集采政策实施前后两组中选品规采购情况变化

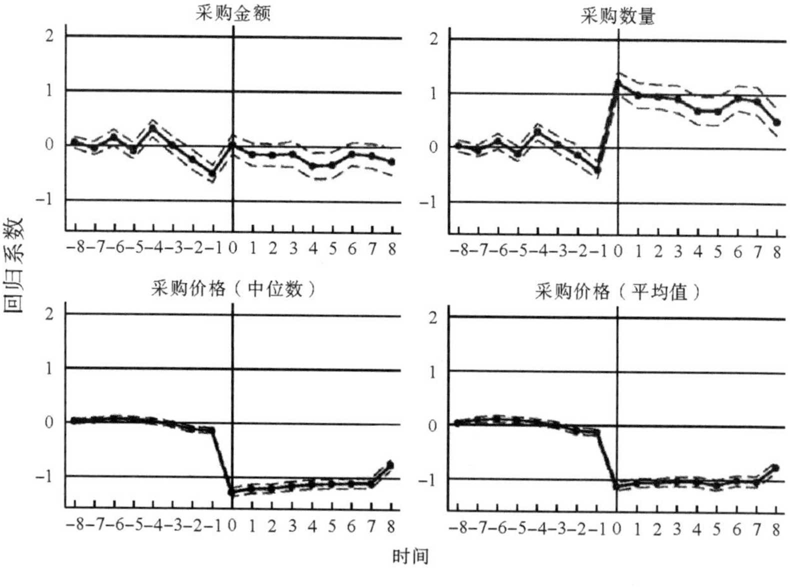

图 7-4　政策实施前后两组中选品规采购情况回归系数变化

2. 随机分组安慰剂检验

形成伪干预组（北京 1 027 家公立医院和浙江 949 家公立医院）和伪对照组（北京 1 044 家公立医院和浙江 931 家公立医院）。具体回归结果见表 7-9。与表 7-5 结果相比，安慰剂检验结果 DID 系数不再显著，说明国家集采政策对安慰剂分组的伪干预组效果不显著，证明原方程的政策效果不完全源于内生性偏误。

表 7-9　随机分组回归结果

变量	log 采购金额	log 采购数量	log 中位数价格	log 平均价格
PILOT×postZMDP	0. 020 4 (0. 050 5)	0. 004 97 (0. 049 9)	0. 003 31 (0. 029 7)	0. 002 47 (0. 031 3)
R^2	0. 091	0. 314	0. 362	0. 265
医院数量	3 181	3 181	3 181	3 181
年份固定	是	是	是	是
协变量	是	是	是	是
医院固定	是	是	是	是
样本数	37 875	37 875	37 875	37 875

注：* p<0. 1，** p<0. 05，and *** p<0. 01。由于篇幅有限，本部分只报告了主要解释变量 PILOT×postZMDP 的回归结果。括号内的稳健标准误差是按城市和医院分类的。进行回归分析时，所有因变量取对数。

3. 虚构政策时间

表 7-10 报告了虚拟政策时间回归结果。所选药品的销量明显下降，这与表 7-5 的回归结果相反，且销量和价格的回归系数都不大，进一步证明了原方程的政策效果不完全源于内生性偏误。

表 7-10　虚拟政策时间回归结果

变量	log 采购金额	log 采购数量	log 中位数价格	log 平均价格
PILOT×postZMDP	−0. 171*** (0. 045 3)	−0. 085 2* (0. 046 9)	−0. 098 3*** (0. 016 0)	−0. 095 8*** (0. 018 3)

表7-10(续)

变量	log 采购金额	log 采购数量	log 中位数价格	log 平均价格
R^2	0.046	0.035	0.018	0.015
医院数量	3 181	3 181	3 181	3 181
年份固定	是	是	是	是
协变量	是	是	是	是
医院固定	是	是	是	是
样本数	16 086	16 086	16 086	16 086

注：* p<0.1，** p<0.05，and *** p<0.01。由于篇幅有限，本部分只报告了主要解释变量PILOT×postZMDP 的回归结果。括号内的稳健标准误差是按城市和医院分类的。进行回归分析时，所有因变量取对数。

7.3 本章小结

2019 年首轮国家药品集采政策将 25 种中选品规药品纳入公立医院采购。本书对北京市和浙江省 2018—2019 年公立医疗机构药品采购数据进行DID 分析，以评估政策对公立医院药物采购的影响，并分析了政策的溢出效应和进行了异质性检验。具体而言，主要包括以下五个方面：①国家集采政策对整体中选品种采购的影响；②国家集采政策对具体中选品种采购的影响；③国家集采政策对非中选品种采购的影响；④国家集采政策对不同类型、等级公立医院药品采购的影响。

药品国家集采政策实施后，试点地区公立医院对中选药品的采购数量相比非试点地区公立医院显著增加了 93.400%（$p<0.001$），采购价格显著减少，采购金额的变化并不显著；另外，政策对非中选品规也有影响，特别是对通用名相同的品影响程度最大，采购数量减少了 98.300%（$p<0.001$），采购金额下降了 104.100%（$p<0.001$）。本章实证分析也存在一些不足，本章分析时仅考虑了与中选品种化学名相同的药物（含通用名相同的药物），未包含国家医保局所提供的临床替代品种，这对于分析更多与政策相关的药品影响有限。诸如北京市和浙江省其他当地进行的与医药

有关的改革政策的潜在影响之类的混杂因素尚未得到控制，结果可能会有偏差。总之，国家药品集采政策实施后，对于控制采购金额增长和改变药品使用结构均有一定影响。

8 主要结论和政策建议

中国药品价格规制政策的发展主要分为两个阶段：一是新医改前的药品价格规制，主要包括计划经济时期的严格规制和改革开放以后的市场化探索；二是新医改后药品价格规制，主要包括三项规制政策，分别是取消限价政策、取消加成政策及国家集采政策。回顾新医改后的三项药品价格规制政策内容后发现，新医改后价格规制逐渐加强，国家再次尝试建立以市场为主导的药品价格形成机制，在这个过程中，我国始终依据不同的政治环境与经济背景调整药品价格规制政策。

由于药品价格规制的复杂性，单一规制主体的单一规制政策会受到其他因素的影响，很难独立实现其规制政策目标，因此需要出台系列价格规制政策。自新医改以来，由国务院及各部委颁布的药品价格规制政策主要有三项，分别是取消限价政策、取消加成政策和国家集采政策。追溯三项政策的政策渊源，最高限价政策主要针对药品生产商，药品加成政策主要针对医疗机构，然而这两项政策都是直接价格规制，需要政府部门能够获得药品相关价格的真实信息，但由于价格随着市场供需变化调整，加上医药市场本身并非完全竞争市场，其市场价格并不一定能反映实际供需情况，导致政府价格规制政策滞后甚至失灵，因此需要政府部门采取更灵活的规制政策，药品集中采购政策就应运而生。从最初医疗机构自行分散采购到集中于省市级采购平台集中采购，再到由国家医保局主导进行，在这个过程中逐渐强化买方（需求方）力量以期形成规模效应。不同的药品价格主体之间形成了不同的药品价格，并且围绕药品价格进行博弈，这也就导致药品价格具有复杂性，即如果仅对一项药品价格调整，也必然引起其他药品价格的变化，从而在一定程度上可能抵消药品价格规制的政策效果。在讨论药品价格规制政策时需对这些政策同时进行分析。

8.1 主要发现及讨论

鉴于目标不同的主体利益博弈的复杂性和不同经济社会背景下不同部门出台政策的多样性，本书基于宏观医疗与药品市场数据和微观医疗机构数据，运用间断时间序列分析和双重差分法等计量经济学分析方法，系统评估了取消限价、取消加成和国家集采的政策效果，结果发现：

1. 取消限价政策不仅对药品价格产生了影响，通过对医药供给端的医药制药业和医药进出口分析发现，取消限价政策也间接影响了医药供给端。实施取消限价政策后，对医药相关价格指数进行分析发现，中药 CPI 的变化幅度增大，这与现有结果不同。例如，放松管制导致药价短期下降[236, 237]，药价整体变化不明显[238]，不同种类药品的价格变化不同[239, 240]。根据本书结果，中药 CPI 与西药 CPI 存在显著差异，其原因可能有以下三点：第一，在 2009 年至 2014 年的价格调整政策中，政策的对象主要是西药中的化学药品。因此，大部分品种都以改变规格、剂型等方式来规避价格调整政策，使“以药养医”的医院减少了对调整价格西药的使用，转而使用其他未调整价格的药品或者通过提供检查和诊疗服务来维持收入；第二，中药 CPI 主要包括中药饮片和中成药，不包括中药材。许多中药不在之前的价格调整政策范围内。此外，医疗机构的运营也存在成本差异，除了仓储和运营管理成本较高外，中药材的调配和储存极易出现损耗，配药也需要大量的人力资源。在取消调价后，由于对原有的一系列调价政策形成了政策干预的心理预期，导致药品价格不断上涨，高价药以后会被调控[118]，另外，中药在标准剂型方面比西药短期内调整难度大，所以他们会在市场初期制定较低的价格；第三，有研究以中标数据为数据来源[239]，提出中标价格实际上是价格规制的另一种形式，主要目的是对进入医保目录的药品实行低价中标，其主要对象是化学药品。在集中招标政策的约束下，招标药品的价格很难改变。此外，在各种保障范围上也存在严重不足。例如，化学原料药和中药材没有包括在内，因此中标价格难以反映药品整体价格的实际变化情况。

现有研究表明，政策对医疗服务价格的影响在理论上并不明确[118]：一方面，医院可以通过多做体检或提高医疗服务价格来维持收入；另一方面，如果药品零售价格下降，而医院的平均看病费用没有下降，患者可能会选择直接到药店买药。这也可能促使医院降低检查和服务价格来吸引患者。

同样的，取消限价对药品价格的影响并不十分确切，主要原因包括：药品作为特殊商品，其经济规律有别于一般商品，其需求弹性较低，并且与其他医疗服务一样对于患者而言具有信息不对称性，医院为了维持收入，可能会用其他医疗服务费用替代药品费用。现有的关于药品价格调控的研究主要结论是，2015 年之前国家发展改革委的价格管理政策的效果并不显著，或者说对药品价格的影响是短期的，相关利益方会通过其他手段来规避价格调整，比如，药企申请其他剂型规格或更改商品名称，医院调整治疗中的药品使用项目结构等。不过，药品价格变动的原因比较复杂，医疗机构作为药品的需求方，也会对药品价格产生影响。例如，2017 年以来我国所有公立医院实施的取消加成政策可能会减少医院通过药品收入产生的医疗服务行为的扭曲。在 1978 年至 1996 年市场化探索过程中，政府放开价格管制后，药品价格大幅上涨，如果在市场探索阶段后将药品价格完全交由市场竞争，仍有可能形成垄断价格，导致患者用药负担加重，社会福利损失。因此，取消限价政策并不意味着中国政府对药品价格放任自流，而是采用另一种价格管理方式，除了药品价格规制，还可以引入药企和医院之间的竞争（如按量采购药品）、改革医保支付制度（如按诊断相关群体支付和/或大数据诊断—干预包）、推动公立医院改革（如提高医疗服务质量并实施分级诊疗制度）。

本书只考虑政策对价格的影响。然而，价格并不是政策的最终目标，因此，未来的研究还需要关注除与药品相关的供给变化（如药品生产、医疗机构）和需求变化（如居民医保）以外的变化，另外，还包括不同地区（城市、乡镇）的价格指数变化。

2. 取消加成政策实施后，无论县级公立医院还是城市公立医院，其药品费用均减少，政策溢出效应也影响到了非药品费用的变化，但都对医疗服务利用没有影响。县级公立医院实施取消加成政策后，住院人均药品费用减少，非药品费用增加，门诊医药费用增加，住院医药费用不变，医疗服务变化不显著。城市公立医院实施取消加成后，门诊和住院的药品费用减少，检查费用增加，门诊和住院医药费用减少，医疗服务变化不显著。医院可通过调整收入结构，比如增加提供具有更高价格成本利润率的服务和产品来弥补药物收入的减少。县级公立医院门诊药品费用的下降幅度大于住院药品费用，城市公立医院门诊药品费用的下降幅度均小于住院药品费用。县级公立医院门诊非药品费用的增加幅度小于住院非药品费用，城市公立医院门诊和住院检查费用变化相当。取消加成可能使得医疗服务费用相对上涨，抑制医疗服务替代药品的使用，而在短期内医疗服务的提供难以有较大改变，即医疗服务的变化不显著。

换而言之，2013 年县级公立医院实施取消加成政策在短期内显著降低了公立医院的住院药品费用收入，并且非药品费用增加，这与部分研究的主要结论一致[163, 164]，而以城市公立医院实施取消加成政策为研究对象的研究结论与以县级公立医院实施取消加成政策为研究对象的主要结论并不一致[158, 162, 163]，主要原因在于作为公立医院改革主要内容的取消加成政策，其实施时若未配套医疗服务价格改革、财政补助等政策，在短期内会导致医疗机构总收入的下降，而病人医疗负担得到缓解，但是医院可能会通过增加提供具有更高价格成本利润率的服务和产品来弥补药物收入的减少[233]，虽然药品价格下降导致其使用量减少而降低了药物资源的浪费，但更多的医疗服务也可能因为“诱导需求”造成过度医疗的风险[158]，这些发现与医师代理理论相一致[75]。理想情况下，医疗保健提供者将完全根据患者的最佳利益或治疗适当性来做出决定，从而为患者提供最优的治疗。但是，鉴于卫生服务提供者与患者之间的信息不对称，财务激励会影响提供者的决策过程。潜在的财务压力可能会迫使卫生服务提供者增加提供具有高价格成本利润率的服务，以弥补收入损失[233]。此外，药品和医疗服务（即非药品）的差别定价政策符合促进医疗收入结构调整的政策目标，本研究发现，城市公立医院门诊药品费用的下降幅度均小于住院药品费用，而门诊医疗服务费用的上涨幅度同样小于住院医疗服务费用，但与门诊的药品费用与医疗服务费用变化相当不同的是，住院药品费用的下降幅度大于医疗服务的上升幅度，这表明取消加成可能使得医疗服务费用相对上涨，抑制了医疗服务替代药品的使用，而在短期内医疗服务的供给数量难以有较大的改变[164]。①

取消加成政策的实施降低了医院药品费用收入，同时也增加了医院医疗服务收入，整体来看对于医疗收入在门诊服务和住院服务的影响存在不同。事实上，取消加成政策仅作为公立医疗机构改革的内容之一，该政策实施后，需要通过调整医疗服务价格来补偿公立医院约70%的收入损失（这部分调整旨在体现医务人员技术劳务价值）。但需注意的是，由于取消加成政策未包括中药饮片，虽有中医院取消加成政策影响分析，但对中药和西药的影响区别仍有待进一步检验。

① 短期内医疗服务供给难以较大改变是指，经济学上的短期期限内医院不能通过增加设备床位数或者医生数量等方式来提升医院接纳患者的能力，不能通过数量的增加来弥补收入损失。

3. 国家集采政策显著改变了中选品规的采购价格和数量，但对采购金额影响不大。控制成本是药品采购的内在要求之一[241]。本书也对国家集采政策对公立医院药品采购的影响进行了分析。就具体中选品规而言，降价幅度越大，采购数量越多，基本实现集采政策“以量换价”初衷；非中选品规的变化接近但仍然存在差别；中选品种其他品规的变化基本与中选品规一致，采购价格显著下降，采购数量显著增加，采购金额变化不显著；通用名相同的品种，无论在采购数量还是价格上，变化幅度都最大，这可能与替代程度有关；不同医院的中选品规采购变化情况不一致。可能导致此等情况的原因有：供应商供货优先程度、接诊患者的异质性。

先前的研究报告了不同国家相关药品政策的成本节省效果的不同结果，这些差异可能与不同的国情和政策内容有关。我国首轮集中采购中，试点城市的所有公立医疗机构都参与其中，并选择了已经通过一致性评价的仿制药进行招标，最终包括 25 种中选品规，其中大多数用于治疗慢性疾病。

尽管药品集中采购主要是通过采购量来换取企业的降价，医院采购量的集中可以使医保支付方形成买方势力，然而较大的采购量也意味着会有更多的患者治疗需求需要得到保障，在一定程度上也会削弱买方势力[242]，进而可以减少卫生系统中与腐败有关的低效率[190, 243]。遏制药品支出的举措可以分为供方和需方[244]，供给方的举措侧重于低价[245]，而需求方的举措则追求合理和经济地使用药品[246]。缺乏需求方措施使许多政策效率低下[247]。在中国，以往省市药品集中采购只有单一货源供应建议，通过招标来确定药品的价格，但是不能保证中标的产品将由医院购买[248]。相反，国家集采政策同时采取了两种措施：一方面，国家集采政策的“批量采购+最低价格中标+单一货源供应”的规则组合使厂商陷入类似囚徒困境的博弈局面，为了赢得招标并保持市场份额，厂商不得不大幅度降低价格；另一方面，国家集采政策采取了一些激励措施来实施基于数量的采购，比如给医疗机构下达使用中选品规的任务等。

国家集采政策采用“赢家通吃”的原则，可以提高中选药品生产企业的市场份额。从长远来看，获得接近垄断地位的生产商反过来会削弱作为买方的医保支付方的议价能力。与“赢家通吃”原则相反，美国各州的医疗补助机构通过向多个药品供应方授予合同来管理市场，在区域层面划分市场以确保合同中所有中选品种的生产企业共享[249]。不断降低的谈判价格可能会迫使某些药品生产商退出市场，尤其是仿制药生产商。在加拿大，与20世纪90年代后期（价格上限为原研药价格的70%）相比，2010年（价格上限设为原研药价格的25%），仿制药生产商更有可能退出市场[250]。尽管市场的进入和退出通常是由市场竞争引起的，但强制退出从长期来看，可能会导致消费者福利的损失[204]。另外，在以前省级集中采购中的部分药品生产商没有参加首轮国家集中采购。参与竞标的药品生产商可能会通过选择“牺牲”一些品种的收入来成为某些药物的“赢家”。因此，他们有可能提高国家基本药物目录或基本医疗保险目录未涵盖的其他医疗产品（例如非集采药品或活性药物成分）的价格，以弥补在国家集中采购中的损失。药品生产商在不同品种之间的价格调控将导致市场支配行为[251]。这种市场支配行为可能间接或直接增加医保支付方或患者的医疗费用。从长远来看，可持续的药品国家集中采购政策需要更充分的法规保障，否则将受到利益相关者的质疑[252, 253]；另一方面，鉴于中选品规的购买量急剧增加，会在一定程度上增加临床不合理用药的风险。

本研究发现药品价格规制政策基本实现政策目标，具体而言：取消限价政策实施后，西药消费价格变化不大，中药消费价格短期内出现上涨；取消加成政策实施后，公立医院的药品收入减少，整体收入结构发生改变；国家集采政策显著改变了中选品规的采购价格和数量，而对采购金额影响不大。但整体来说，这些药品价格规制政策效果仍然有限。因此政策制定者不仅需要开展全面的政策评估，而且在制定相关政策时需要系统全面地考虑各利益相关者的行为变化，以便更好地达到政策预期效果，从而解决药品价格及费用快速上涨问题，减轻居民个人医疗负担和优化医疗资源配置效率。

8.2 研究局限性及未来研究

本研究主要存在三点不足：第一，与国外医药分开（即药物的处方与分配是分开的）不同，我国由于医药不分从而存在药品市场和医疗服务市场的相互作用，目前尚无理论对二者进行有效整合和统一。本研究虽然在理论模型和研究假设中未整合和统一药品市场和医疗服务市场的相互作用，仅简单分析了医疗机构和医药企业的行为决策模型，并在取消限价政策效果的实证分析部分尝试选择厂商角度进行分析。第二，考虑到政策实施的滞后性，各项药品价格规制政策的影响还没有完全发挥出来。另外，药品价格改革在本研究进行期间也在继续发展。例如，2019 年 7 月，国家医保局发布了药品价格管理政策，这意味着本研究对其他药品价格规制政策分析的时效性也需要更新。第三，由于数据的局限性，难以进行更深层次的药品价格规制政策效果的影响机制分析。比如，因为缺失医疗服务的边际成本和服务量数据，无法准确地评估药品价格规制政策实施后的医生行为模型。又比如，因为缺少医药企业层面经营绩效的微观数据，无法详细全面地评估药品价格规制下的医药企业行为模型。此外，由于不具备患者层面的微观数据，因此未将患者纳入分析视角评估价格规制对患者的影响。基于以上三点的局限性，研究结论推广时应当慎重。其他还包括，取消限价政策的整体价格指数结果可能与具体品种的价格变动分析不一致；取消加成政策的全省范围内的医院分析结果可能与某一家医院的医药费用收入结构变化不一致；以北京作为干预组的国家集采政策的结果，因为地域的异质性，可能与其他十个试点城市的分析结果不一致。

本研究中，药品价格本身并不是药品价格规制政策的最终目标。因此，未来的研究还需要关注除与药品相关的供给变化（如药品生产、医疗机构）和需求变化（如居民医保）以外的其他变化，同时，还需关注包括不同地区（城市、农村）的价格指数变化，以及不同价格形成机制的药品价格指数变化（如医保基金支付）。还有一些研究方向也值得持续关注和进一步深入研究，比如当原研药专利到期后，通过利用没有研发投入而边际成本较低的仿制药对同品种原研药进行替代的仿制药替代（Generic Substitution）机制。即使药品价格的规制政策要求仿制药均通过疗效一致性评价，但仿制药对品牌药使用的替代仍然受到各种因素的影响。比如，生物等效性是否反映了临床等效性仍存在争议，这种临床结果的差异也会影响成本效果。此外，如果只计算药物成本，结果可能会显示仿制药替代后的药品费用降低。但若考虑不良反应发生率、剂量调整或其他医疗服务的使用，仿制药可能不再节约费用，相反，甚至使用品牌药物更节约医疗费用[254]。另外，如果药品价格的规制政策涉及狭窄治疗指数药物（narrow therapeutic index，NTI），就需要对这些药品的安全性进行关注，因为这些药物的治疗窗口相对较小，NTI 药品使用量的改变会导致患者健康状况的变化[255]，并可能在慢性病患者中引发健康问题[256]。因此，规制政策是否通过仿制药替代实现药品使用结构的调整，还有待进一步研究。另一个值得关注的方向是基于供给诱导需求理论（supplier-induced demand，SID）的药品使用。医生作为患者的代理人，可能基于自身利益利用其“自由裁量权”进行需求转移或诱导活动，从而使他们推荐的医疗服务不同于知情患者认为合适的医疗服务，其中就包括药品处方开具。由于药品缺乏需求价格弹性[257]，加之规制政策如果要求必须保证药品的采购量，这就可能导致过度医疗服务。因此，需要对其他药物在采购周期后的月度变化进一步分析。医药企业的市场策略也值得关注。规制政策对于促进药品市场的积极竞争（特别是降低药品价格）具有重要作用，这源于竞争对手带来的竞争压力[258]。比如，根据集中采购的中标品种的价格与数量分析结果，发现中选品种的价格变化与数量变化趋势并非一致。特别是瑞舒伐他汀、依那普利、伊马替尼、氟比洛芬四个品种在降价后并未出现采购量的显著增长。以瑞舒伐他汀为例，其面临的是已被充分开发的调血脂市场，除公立医院外，还有基层医疗机构和零售端药店的市场竞争，这也意味着未中选品种可能进一步加强了对院外市场的营销和竞争。另外，由于本研究主要使用已有数据进行分析，在更具体的微观行为分析上存在不足，未来可设计有关利益主体行为博弈的问卷，通过对政府、医院、医生和患者等进行调查访问、座谈访谈等，进一步增加研究结论的可信度。

8.3 完善药品价格规制的政策建议

结合此前分析结果和研究结论，虽然药品价格受规制政策的影响，但药品价格影响到医药市场中的主体时，他们也能围绕规制政策来对自身行为进行调整，这反过来又会影响到规制政策的实施效果。目前行政干预仍处于主导地位，而当下药品价格规制的逻辑在于尽量减少行政干预，通过市场供需机制来形成对市场主体的正向激励，以建立科学合理的医药价格形成机制和优化医疗资源配置效率。因此，本书对于未来完善药品价格规制的政策建议主要包括以下三点。

8.3.1 规制政策需做好政策评估和政策协同

对于决策部门而言，应及时对政策进行评估，不仅关注对政策对象的影响，也关注政策的溢出效应。虽然药品价格规制的相关政策主要针对药品价格，但是从前文价格规制实证分析的经验证据来看，这些规制政策不仅影响被规制药品的价格和使用数量的变化，对非规制范围内药品的价格和使用数量也有不同程度的影响，甚至对整个医药市场和医疗服务利用都有重要的影响。例如，取消限价政策也影响了医药制造业的化学原料药和中成药的产量以及医药的进出口量；取消加成政策也对医院的医药收入结构造成了影响。因此，决策部门不仅需要开展全面的政策评估，而且在制定相关政策时也需要系统全面地考虑各利益相关者的行为变化，以便更好地达到政策预期效果，从而更有效地解决药品价格快速上涨问题。从规制政策发展历程中可以发现，随着规制环境和规制主体的变化，政策逻辑从单纯降价转向综合控费，再到建立基于医疗保障制度下的按病种付费、总额预付制以及医保支付标准等一系列改革，目的在于让医生和患者有更多的选择权，因此规制政策制定需要更加科学化和体系化。医疗卫生体系改革本身是一项复杂工程，药品价格只是其中的一个方面，药品价格规制政策的出台也可能对其他医改政策造成影响，或者受到其他医改政策的影响，因此需要加强政策实施中相关部门之间的协同。国家医保局正在全面推行药品国家集中采购，截至 2025 年 5 月已经进行了十批集中采购招标。由于国家集采政策将带量采购作为政策的重要组成部分，充分考虑了“以量换价”的市场机制，因此对整个行业的市场的影响比起其他规制政策更为深远。未来还需更深入地研究和评估医疗机构合理用药及集采药品使用的公平性等问题，建立科学合理的药品价格形成机制。

8.3.2 更加丰富和灵活的药品价格规制政策工具

与新医改采用系统的方法来协调多个政策工具进行体系改革一样[8]，未来药品价格规制也需要系统的方法来协调多个政策工具。针对加成政策和集中采购的实证分析结果表明，对于不同类别的药品在不同情形下的药品价格规制需要因地制宜。以药品采购为例，作为药品价格规制的主要政策工具之一，其采购内容也受到关注，主要是根据不同类别药品的不同特点对各种采购药品进行分类。国务院办公厅在 2015 年的公立医院分类采购指导意见中也指出针对采购品种的分类进行了划分，除去麻醉药品等不变外①，其他四类根据临床用量、采购金额、生产企业数/供应情况及品种多个因素进行综合考虑，具体见表 8-1。具体来说，集中采购适用于使用范

① 这部分品种主要包括麻醉药品、精神药品、防治传染病和寄生虫病的免费用药、国家免疫规划疫苗、计划生育药品及中药饮片。

围广的重症用药、质量和供应保障都充分的国产仿制药。对于新上市的仿制药，当原研药仍处于扩大适应症的阶段，与原研药有较大质量差异的仿制药，以及替代风险较大的仿制药，则暂缓实施集中采购。根据 WHO《国家药品定价政策指南》中总结的大多数国家药品价格规制政策工具，除了加成政策和集中采购政策外，还包括基于价值定价、成本加成定价、税收转移/减免、鼓励仿制药的使用、内部/外部参考定价、促进价格透明度以及招标和谈判。另外，当医保支付从按项目付费逐渐发展成为针对不同疾病和不同医疗服务的多元复合式医保支付方式，药品的价格及其使用与医保支付的关系有待进一步研究和试点（比如为不同支付能力的患者提供更多选择权）。药品价格在未来可以根据规制环境和规制主体的变化，通过更加丰富的药品价格规制政策工具，基于减轻居民个人医疗负担和优化医疗资源配置效率的目的，来对不同类型药品进行更科学和更精细化的价格规制。

表 8-1　公立医院药品采购主要分类

采购形式	采购影响因素			
	临床用量	采购金额	生产企业数	品种
集中采购	大	高	多家	基本药物、非专利药品
价格谈判	—	—	—	专利药、独家品种
集中挂网，医院直接采购	—	—	—	妇儿专科非专利药品、急（抢）救药品、基础输液和低价药
定点生产、议价采购	必需且少	—	供应短缺	—

资料来源：根据《国务院办公厅关于完善公立医院药品集中采购工作的指导意见》（国办发〔2015〕7号）整理。

8.3.3　通过市场机制调整主体行为

在药品价格规制政策中，药品价格是主要关注对象，但并不是最终的关注点。就 2009 年新医改宏观目标而言，通过药品价格规制政策减轻居民个人医药费用负担和提高药品可及性最终是为了改善居民健康。但是在药品价格规制政策实施过程中，围绕药品价格的相关主体（如医疗机构、医药企业等）会采取应对措施来减轻价格规制政策的影响。在医疗机构和医药企业的行为分析中，二者会采取不同行为使得自身利益最大化。对于医疗机构而言，医疗服务主要由医生提供，而医生虽然会间接受到药品价格规制的影响，但是其同样会采取相应的措施来抵消这种政策效果对自身的影响，因此，应注重医疗服务供给方的制度安排、激励机制以及价值取向等。医生行为习惯与偏好的改变的根源在于制度环境引致的道德风险，所以应从制度入手进行调整，破除“以药养医”，体现医疗服务价值，回归公立医院的公益性等科学的制度环境。在制度安排中，最为关键的是如何建立良好的激励机制，从而调动医生的主动性与积极性。所以，理顺药品与医疗服务关系是激励机制的关键。在良好的制度环境下，通过科学的激励机制才能最终形成良好的价值取向。比如，三明模式的公立医院改革通过价格调整和支付制度改革修正原先扭曲的价格机制[8]，改善了“以药养医”的状况。所以，在深化医改的攻坚阶段，尽管价格规制只是医改政策工具之一，但其政策逻辑最终应以患者为中心，从制度调整着手，建立无道德风险的科学的制度环境，重点理顺药品价格体系与卫生服务价格体系，调动医生主动性进而改变医生行为偏好，关注患者整体费用控制而非药品价格等部分项目上的价格控制，分层次推进医疗保障支付机制建设，达到减轻居民个人医疗费用负担和缓解“看病贵”的效果，更好地实现改善居民健康的宏观目标。

参考文献

[1] SEN A. Development as freedom [M]. Oxford: Oxford University Press, 1999.

[2] 陶婷婷，徐程，胡明，等. 我国药品价格调整政策分析：1997—2011年 [J]. 中国卫生政策研究，2011，4 (09)：46-52.

[3] 陈文. 从政府控制转向市场主导：药品价格形成机制的新转变 [J]. 中国卫生资源，2015，18 (4)：237-238.

[4] FU H, LI L, LI M, et al. An evaluation of systemic reforms of public hospitals: The Sanming model in China [J]. Health Policy Planning, 2017, 32 (8): 1135-1145.

[5] LIU G G, VORTHERMS S A, HONG X. China's health reform update [J]. Annual Review of Public Health, 2017, 38: 431-448.

[6] YANG C, SHEN Q, CAI W, et al. Impact of the zero-markup drug policy on hospitalisation expenditure in western rural China: An interrupted time series analysis [J]. Tropical Medicine & International Health, 2017, 22 (2): 180-186.

[7] SUN Q, SANTORO M A, MENG Q, et al. Pharmaceutical policy in China [J]. Health Affairs, 2008, 27 (4): 1042-1050.

[8] YIP W, FU H, CHEN A T, et al. 10 years of health-care reform in

China: Progress and gaps in Universal Health Coverage [J]. The Lancet, 2019, 394 (10204): 1192-1204.

[9] 朱星月，林腾飞，米源，等. 间断时间序列模型及其在卫生政策干预效果评价中的应用 [J]. 中国药事，2018，32 (11): 1531-1540.

[10] WAGNER A K, SOUMERAI S B, ZHANG F, et al. Segmented regression analysis of interrupted time series studies in medication use research [J]. Journal of Clinical Pharmacy and Therapeutics, 2002, 27 (4): 299-309.

[11] LINDEN A. Conducting interrupted time-series analysis for single- and multiple-group comparisons [J]. The Stata Journal, 2015, 15 (2): 480-500.

[12] 李得和，龚时薇. 全民基本医疗保险制度对我国医药产业的影响评价 [J]. 中国卫生经济，2018，37 (4): 71-74.

[13] 李小菊，毛璐，张梅，等. 总额预付制改革对职工医保患者住院服务的影响分析 [J]. 卫生经济研究，2018 (11): 46-49.

[14] 杨照，赵宜乐，陈璟，等. 中国基本药物制度实施效果评价——以河北省为例（英文） [J]. Journal of Chinese Pharmaceutical Sciences, 2015, 24 (10): 683-689.

[15] 赵锋，杨洪伟，林郅中，等. 基本药物制度实施后广西某市社区卫生服务中心与乡镇卫生院门诊服务变化比较 [J]. 中国卫生政策研究，2012，5 (11): 19-26.

[16] ANDERSSON K, PETZOLD M G, SONESSON C, et al. Do policy changes in the pharmaceutical reimbursement schedule affect drug expenditures? [J]. Health Policy, 2006, 79 (2-3): 231-243.

[17] CHOI Y J, JIA H, GROSS T, et al. The impact of Medicare Part D on the proportion of out-of-pocket prescription drug costs among older adults with diabetes [J]. Diabetes Care, 2017, 40 (4): 502-508.

[18] HSU J C, LU C Y, WAGNER A K, et al. Impacts of drug reimbursement reductions on utilization and expenditures of oral antidiabetic medications in Taiwan: An interrupted time series study [J]. Health policy, 2013, 116 (2): 196-205.

[19] KOSKINEN H, AHOLA E, SAASTAMOINEN L K, et al. The impact of reference pricing and extension of generic substitution on the daily cost of antipsychotic medication in Finland [J]. Health Economics Review, 2014, 4 (1): 1-10.

[20] ROBLIN D W, PLATT R, GOODMAN M J, et al. Effect of increased cost-sharing on oral hypoglycemic use in five managed care organizations: How much is too much? [J]. Medical Care, 2005, 43 (10): 951-959.

[21] SELVARAJ S, FAROOQUI H H, MEHTA A. Does price regulation affect atorvastatin sales in India? An impact assessment through interrupted time series analysis [J]. BMJ Open, 2019, 9 (1): e024200.

[22] YOO K, LEE S G, PARK S, et al. Effects of drug price reduction and prescribing restrictions on expenditures and utilisation of antihypertensive drugs in Korea [J]. BMJ Open, 2015, 5 (7): e006940.

[23] 王飞，汤少梁，赵琨，等. 应用间断时间序列评价某县级公立医院医药价格改革效果 [J]. 中国卫生统计，2016，33 (1): 78-80.

[24] 吴斌珍，张琼，乔雪. 对药品市场降价政策的评估——来自中国1997~2008年的证据 [J]. 金融研究，2011 (6): 168-180.

[25] 王晓玲. 医疗市场规制体系构建及应用研究 [D]. 武汉大学，2010.

[26] 植草益. 微观规制经济学 [M]. 北京：中国发展出版社，1992.

[27] 王俊豪. 政府规制经济学导论 [M]. 北京：商务印书馆，2003.

[28] 王俊豪等. 中国垄断性产业管制机构的设立与运行机制 [M].

北京：商务印书馆，2008.

[29] VERNON J A. Drug research and price controls：What would happen if the United States adopted other countries' drug price regulations?（Health & Medicine）[J]. Regulation，2002，25（4）：22-26.

[30] DANZON P M. Making sense of drug prices [J]. Regulation，2000，23：56-63.

[31] VERNON J A，GOLEC J H，HUGHEN W K. The economics of pharmaceutical price regulation and importation：Refocusing the debate [J]. American Journal of Law & Medicine，2006，32（2-3）：175-192.

[32] SOOD N，DE VRIES H，GUTIERREZ I，et al. The effect of regulation on pharmaceutical revenues：Experience in nineteen countries [J]. Health Affairs，2009，28（1）：w125-w137.

[33] 高菁菁，常峰. 国内外药品价格管理的研究与思考 [J]. 中国执业药师，2012，9（01）：39-41.

[34] 杨洋，张方. 加拿大与荷兰的药品价格管理对比分析 [J]. 中国药业，2014，23（22）：4-6.

[35] 王亮，李爱花，岳晓萌，等. 日本药品价格制度研究及对我国药品价格管理的启示 [J]. 中国卫生经济，2017，36（10）：87-91.

[36] 陈敬，赵熙子，赵亮，等. 德国、日本和我国台湾地区药品价格规制经验及启示 [J]. 中国药房，2017，28（25）：3464-3467.

[37] 常峰，张子蔚. 我国药品价格管理机制探讨——从定价与补偿规制相结合的角度进行思考 [J]. 北京：价格理论与实践，2010（8）：30-31.

[38] HU J，MOSSIALOS E. Pharmaceutical pricing and reimbursement in China：When the whole is less than the sum of its parts [J]. Health Policy，2016，120（5）：519-534.

［39］许扬扬，马爱霞. 国外药物经济学评价应用于专利药价格谈判制度的研究［J］. 中国药物评价，2016，33（3）：184-187.

［40］伍琳，陈永法. 韩国和德国专利药价格谈判模式比较研究及启示［J］. 中国卫生政策研究，2015，8（10）：62-67.

［41］许进标张新平. 部分发达国家药品价格管制政策比较及启示［J］. 国外医学（社会医学分册），2005（3）：114-119.

［42］孟光兴. 发达国家药品定价体系比较及其启示［J］. 价格理论与实践，2010（09）：41-42.

［43］杨莉，刘春艳，张建静，等. 国际药品价格管制方式及效果研究的系统综述［J］. 中国卫生政策研究，2011，4（7）：17-24.

［44］卢凤霞，曹丽君. 国外药品价格管理趋势综述［J］. 中国医疗保险，2012（10）：59-61.

［45］LEVI-FAUR D. The global diffusion of regulatory capitalism［J］. The Annals of the American Academy of Political and Social Science，2005，598（1）：12-32.

［46］LEVI - FAUR D. Regulation and regulatory governance［J］. Handbook on the Politics of Regulation，2011，1（1）：1-25.

［47］LODGE M，WEGRICH K. Managing regulation：Regulatory analysis，politics and policy［M］. London：Macmillan International Higher Education，2012.

［48］ABRAHAM J. Science，politics and the pharmaceutical industry：Controversy and bias in drug regulation［M］. New York：St. Martin's Press，1995.

［49］ABRAHAM J，LEWIS G. Regulating medicines in Europe：Competition，expertise and public health［M］. London：Routledge，2014.

［50］LEVINE M E，FORRENCE J L. Regulatory capture，public interest， and the public agenda: Toward a synthesis [J]. Journal of Law, Economics & Organization, 1990, 6, S1: 167-198.

[51] HANTKE-DOMAS M. The public interest theory of regulation: Non-existence or misinterpretation? [J]. European Journal of Law and Economics, 2003, 15 (2): 165-194.

[52] ASQUER A. Theories of regulation [M] //Regulation of Infrastructure and Utilities. Cham: Palgrave Macmillan, 2018: 19-33.

[53] POSNER R A. Theories of economic regulation [J]. The Bell Journal ofEconomics and Management Science, 1974, 5 (2): 335-358.

[54] DUKES G. The effects of drug regulation: A survey based on the European studies of drug regulation [M]. Dordrecht: Springer Science & Business Media, 2012.

[55] GRIFFIN J P. The evolution of human medicines control from a national to an international perspective [J]. Adverse Drug Reactions and Toxicological Reviews, 1998, 17 (1): 19-50.

[56] Baldwin R, Cave M, Lodge M. Understanding regulation: Theory, strategy, and practice [M]. 2nd ed. Oxford: Oxford University Press, 2012.

[57] PELTZMAN S. Toward a more general theory of regulation [J]. The Journal of Law and Economics, 1976, 19 (2): 211-240.

[58] NISKANEN W A. Bureaucracy and representative government [M]. Brunswick Transaction Publishers, 1971.

[59] Crew M A. Deregulation and diversification of utilities [M]. New York: Springer Science & Business Media, 2012.

[60] BERNSTEIN M H. Regulating business by independent commission [M]. Princeton University Press, 2015.

[61] SHLEIFER A. Understanding regulation [J]. European Financial

Management, 2005, 11 (4): 439-451.

[62] BOITEUX M. Peak-load pricing [J]. The Journal of Business, 1960, 33 (2): 157-179.

[63] BOITEUX M. On the management of public monopolies subject to budgetary constraints [J]. Journal of Economic Theory, 1971, 3 (3): 219-240.

[64] BRAEUTIGAM R R. Optimal policies for natural monopolies [J]. HandBook of Industrial Organization. Amsterdam: Elsevier, 1989, 2: 1289-1346.

[65] OWEN B M, BRAEUTIGAM R. The regulation game: Strategic use of the administrative process [M]. Cambridge: Ballinger Press, 1978.

[66] LAFFONT J, TIROLE J. A theory of incentives in regulation and procurement [M]. Cambridge, MA: MIT Press, 1993.

[67] POSNER R A. Theories of economic regulation [Z]. The Bell Journal of Economics and Management Science, 1974, 5 (2): 335-358.

[68] JOSKOW P L. Incentive regulation in theory and practice: Electricity distribution and transmission networks [M]. Chicago: University of Chicago Press, 2014.

[69] JOSKOW P L. Inflation and environmental concern: Structural change in the process of public utility price regulation [J]. The Journal of Law and Economics, 1974, 17 (2): 291-327.

[70] JOSKOW P L, BOHI D R, GOLLOP F M. Regulatory failure, regulatory reform, and structural change in the electrical power industry [J]. Brookings Papers on Economic Activity. Microeconomics, 1989, 1989: 125-208.

[71] ARMSTRONG M, COWAN S, VICKERS J. Regulatory reform: Economic analysis and British experience [M]. Cambridge: MIT press, 1994.

[72] ARMSTRONG M, SAPPINGTON D E. Toward a synthesis of models of regulatory policy design with limited information [J]. Journal of Regulatory Economics, 2004, 26 (1): 5-21.

[73] BARON D P, BESANKO D. Monitoring, moral hazard, asymmetric information, and risk sharing in procurement contracting [J]. The RAND Journal of Economics, 1987, 18 (4): 509-532.

[74] MCGUIRE T G, PAULY M V. Physician response to fee changes with multiple payers [J]. Journal of Health Economics, 1991, 10 (4): 385-410.

[75] ARROW K. Uncertainty and the welfare economics of medical care [J]. American Economic Review, 1963, 53 (5): 941-973.

[76] 唐圣春. 市场经济条件下我国药品价格规制研究 [D]. 华中科技大学, 2009.

[77] REINHARDT U E. The pharmaceutical sector in health care [M] // Pharmaceutical Innovation: Incentives, Competition, and Cost-Benefit Analysis in International Perspective. Cambridge: Cambridge University Press, 2007: 25-53.

[78] KYLE M K. Pharmaceutical price controls and entry strategies [J]. The Review of Economics and Statistics, 2007, 89 (1): 88-99.

[79] LIU Y, YANG Y K, HSIEH C R. Regulation and competition in the Taiwanese pharmaceutical market under national health insurance [J]. Journal of Health Economics, 2012, 31 (3): 471-483.

[80] MORTON F S, KYLE M. Markets for pharmaceutical products [M] // Hand Book of Health Economics. Amsterdam: Elsevier, 2011, 2: 763-823.

[81] MOSSIALOS E, GE Y, HU J, et al. Pharmaceutical policy in China:

Challenges and opportunities for reform [R]. Copenhagen: World Health Organization. Regional Office for Europe, 2016.

[82] ZHAO M, WU J. Impacts of regulated competition on pricing in Chinese pharmaceutical market under urban employee basic medical insurance [J]. Expert Review of Pharmaco Economics & Outcomes Research, 2017, 17 (3): 311-320.

[83] ELLISON S F, SNYDER C M. Countervailing power in wholesale pharmaceuticals [J]. The Journal of Industrial Economics, 2010, 58 (1): 32-53.

[84] Danzon P M, Epstein A J. Effects of regulation on drug launch and pricing in interdependent markets [Z]. National Bureau of Economic Research, 2008.

[85] WU J, XU J, LIU G, et al. Pharmaceutical pricing: An empirical study of market competition in Chinese hospitals [J]. Pharmaco Economics, 2014, 32 (3): 293-303.

[86] SIMOENS S. A review of generic medicine pricing in Europe [J]. GaBI Journal, 2012, 1 (1): 8-12.

[87] LEE K S, KASSAB Y W, TAHA N A, et al. Factors impacting pharmaceutical prices and affordability: Narrative review [J]. Pharmacy, 2021, 9 (1): 1.

[88] AHMAD N S, HATAH E, MAKMOR-BAKRY M. Association between medicine Price declaration by pharmaceutical industries and retail prices in Malaysia's private healthcare sector [J]. Journal of Pharmaceutical Policy and Practice, 2019, 12 (1): 1-8.

[89] POLLARD S, GABB S, MINGARDI A. The human cost of pharmaceutical price controls in Europe: A case for reform [R]. Brussels: Centre for

the New Europe, 2004: 5.

[90] Danzon P M, Wang Y R, Wang L. The impact of price regulation on the launch delay of new drugs—evidence from twenty - five major markets in the 1990s [J]. Health Economics, 2005, 14 (3): 269-292.

[91] KYLE M K. The role of firm characteristics in pharmaceutical product launches [J]. The RAND Journal of Economics, 2006, 37 (3): 602-618.

[92] LANJOUW J O. Patents, price controls, and access to new drugs: How policy affects global market entry [R]. Cambridge: National Bureau of Economic Research, 2005.

[93] DIMASI J A, GRABOWSKI H G, HANSEN R W. Innovation in the pharmaceutical industry: New estimates of R&D costs [J]. Journal of Health Economics, 2016, 47: 20-33.

[94] ADAMSON D M. Regulating drug prices: US policy alternatives in a global context [M]. Santa Monica: RAND, 2008.

[95] PUIG-JUNOY J. Impact of European pharmaceutical price regulation on generic price competition [J]. Pharmaco Economics, 2010, 28 (8): 649-663.

[96] 王冯娜. 药品限价环境下医药企业 r&d 投入分析 [D]. 东南大学, 2015.

[97] 吴婷, 曹阳. 我国对药品价格进行管制的措施及效果分析 [J]. 科技信息, 2011 (08): 28-31.

[98] 曹阳. 药品价格规制政策的分析与探讨 [J]. 价格理论与实践, 2003 (12): 38-39.

[99] 朱恒鹏. 管制的内生性及其后果: 以医药价格管制为例 [J]. 世界经济, 2011, 34 (07): 64-90.

[100] 杜创. 价格管制与过度医疗 [J]. 世界经济, 2013, 36 (01):

116-140.

［101］刘小鲁，易丹. 价格管制、过度治疗与营利医院的市场进入绩效［J］. 经济评论，2014（05）：3-15.

［102］郭科，顾昕. 价格管制与公立医院的“以药养医”［J］. 天津行政学院学报，2016，18（04）：19-27.

［103］郭科，顾昕. 过度医疗的解决之道：管制价格、强化竞争还是改革付费？［J］. 广东社会科学，2017（05）：176-185.

［104］BREKKE K R，GRASDAL A L，HOLMÅS T H. Regulation and pricing of pharmaceuticals：Reference pricing or price cap regulation？［J］. European Economic Review，2009，53（2）：170-185.

［105］AVERCH H，JOHNSON L L. Behavior of the firm under regulatory constraint［J］. The American Economic Review，1962，52（5）：1052-1069.

［106］BRADLEY I，PRICE C. The economic regulation of private industries by price constraints［J］. The Journal of Industrial Economics，1988，36（3）：99-106.

［107］GLAZER A，MCMILLAN H. Pricing by the firm under regulatory threat［J］. Quarterly Journal of Economics，1992，107（3）：1089-1099.

［108］Abbott T A. Price regulation in the pharmaceutical industry：Prescription or placebo？［J］. Journal of Health Economics，1995，14（5）：551-565.

［109］VERNON J A. Examining the link between price regulation and pharmaceutical R&D investment［J］. Health Economics，2004，14（1）：1-16.

［110］SANTERRE R E，VERNON J A. Assessing consumer gains from a drug price control policy in the United States［J］. Southern Economic Journal，2006，73（1）：233.

[111] ANIS A H, GUH D P, WOOLCOTT J. Lowering generic drug prices [J]. Medical Care, 2003, 41 (1): 135-141.

[112] LEXCHIN J. The effect of generic competition on the price of brand -name drugs [J]. Health Policy, 2004, 68 (1): 47-54.

[113] DANZON P M, CHAO L W. Does regulation drive out competition in pharmaceutical markets? [J]. The Journal of Law and Economics, 2000, 43 (2): 311-358.

[114] SIMOENS S. A review of generic medicine pricing in Europe [J]. Generics and Biosimilars Initiative Journal, 2012, 1 (1): 8-12.

[115] BHASKARABHATLA A, CHATTERJEE C, ANURAG P, et al. Mitigating regulatory impact: The case of partial price controls on metformin in India [J]. Health Policy and Planning, 2016: w109.

[116] ZHANG W, GUH D, SUN H, et al. The impact of price-cap regulations on exit by generic pharmaceutical firms [J]. Medical Care, 2016, 54 (9): 884-890.

[117] TROYER J L, KRASNIKOV A V. The effect of price regulation on innovation in the pharmaceutical industry [J]. Journal of Applied Business Research, 2011, 18 (4): 93-102.

[118] WU B, ZHANG Q, QIAO X. Effects of pharmaceutical price regulation: China's evidence between 1997 and 2008 [J]. Journal of the Asia Pacific Economy, 2015, 20 (2): 290-329.

[119] 刘佐仁，何观炎. 药品降价效果分析研究 [J]. 中国药业，2006 (13): 51-52.

[120] 董朝晖，刘国恩，吴晶，等. 药品价格政策对抗生素价格的影响：来自北京地区的实证分析 [J]. 中国药物经济学，2008 (5): 7-12.

[121] 问瑜英. 基于 arima 模型的药品价格管制政策评估 [D]. 天津大

学，2011.

［122］张琼. 事件研究法在我国药品降价政策评估中的应用［J］. 财经研究，2010，36（12）：4-15.

［123］蒋建华. 我国现阶段药品价格规制效果的实证研究［J］. 价格月刊，2012（4）：15-19.

［124］BEN-AHARON O，SHAVIT O，MAGNEZI R. Does drug price-regulation affect healthcare expenditures？［J］. The European journal of Health Economics，2017，18（7）：859-867.

［125］SAKSHAUG S，FURU K，KARLSTAD Ø，et al. Switching statins in Norway after new reimbursement policy：A nationwide prescription study［J］. British Journal of Clinical Pharmacology，2007，64（4）：476-481.

［126］MARTIKAINEN J E，SAASTAMOINEN L K，KORHONEN M J，et al. Impact of restricted reimbursement on the use of statins in Finland：A register-based study［J］. Medical Care，2010，48（9）：761-766.

［127］CHANDRA-MOULI V M B B，CAMACHO A V M D，MICHAUD P M D. Who guidelines on preventing early pregnancy and poor reproductive outcomes among adolescents in developing countries［J］. Journal of Adolescent Health，2013，52（5）：517-522.

［128］常峰，张子蔚. 市场圈定条件下"药品差比价规则"分析［J］. 软科学，2009，23（9）：64-68.

［129］韩晟，朱明蕾，史录文. 对《药品差比价规则》的综合评价研究［J］. 中国药物经济学，2009（3）：27-31.

［130］蒋建华. 我国药品差比价规则效果评价［J］. 价格理论与实践，2011（4）：30-31.

［131］蒋建华，杨廷钫. 我国药品差比价规则效果的实证研究［J］. 价格月刊，2011（04）：26-29.

[132] 叶奎英，王颖，朱道立，等. 医院“以药养医”不改变，药品降价措施效果难以惠及患者：以医院头孢类药品使用为例 [J]. 中国卫生资源，2010，13 (4)：154-157.

[133] 李天平，张吉吉，李健，等. 价格因素对医院药品使用的影响 [J]. 中国药房，2009，20 (1)：4-6.

[134] 文柳静. 药品降价对我院肿瘤患者抗微生物药利用的影响 [J]. 中国药房，2008 (14)：1053-1055.

[135] 陈彪. 22 种抗生素降价前后用量分析 [J]. 医学信息，2007 (6)：991-993.

[136] 王吉善，常明，李喜西，等. 7 省市 12 所医院药品使用情况调查 [J]. 中国医院，2007 (4)：23-24.

[137] 柳萍，季树忠，傅文军，等. 顺加作价政策对药品价格和患者负担的作用 [J]. 中国医院管理，2005，25 (5)：13-15.

[138] CHEN C L, CHEN L, YANG W C. The influences of Taiwan's generic grouping price policy on drug prices and expenditures: Evidence from analysing the consumption of the three most-used classes of cardiovascular drugs [J]. BMC Public Health, 2008, 8: 118.

[139] 曹阳，高恩芳. 药品价格政策对医药上市公司股票价格影响研究——2010 年以来 [J]. 现代商贸工业，2014，26 (5)：37-38.

[140] BALL D. The regulation of mark-ups in the pharmaceutical supply chain [R]. Geneva: WHO/HAI, Project on Medicine Prices and Availability, Review Series on Pharmaceutical Pricing Policies and Interventions, Working Paper, 2011, 3.

[141] GRANDFILS N. Drug price setting and regulation in France [J]. Paris: Institute for Research, 2008.

[142] MORGAN S G. Pharmaceutical sector price and productivity meas-

urement: Exploring the role of agency, incentives and information [D]. University of British Columbia, 2000.

[143] VANDOROS S. Studies in pricing and competition in regulated pharmaceutical markets [D]. London School of Economics and Political Science, 2010.

[144] HÅGÅ A, SVERRE J M. Pricing and reimbursement of pharmaceuticals in Norway [J]. European Journal of Health Economics, 2002, 3 (3): 215-220.

[145] ESPIN J, SCHLANDER M, GODMAN B, et al. Projecting pharmaceutical expenditure in EU5 to 2021: Adjusting for the impact of discounts and rebates [J]. Applied Health Economics and Health Policy, 2018, 16 (6): 803-817.

[146] BURSTALL M L. The management of the cost and utilisation of pharmaceuticals in the United Kingdom [J]. Health Policy, 1997, 41 (S1): S27-S43.

[147] DONG H, BOGG L, REHNBERG C, et al. Drug policy in China: Pharmaceutical distribution in rural areas [J]. Social Science & Medicine, 1999, 48 (6): 777-786.

[148] SUH H S, KIM J, LEE I. Effects of a price cut reform on the cost and utilization of antidiabetic drugs in Korea: A national health insurance database study [J]. BMC Health Services Research, 2018, 18: 252.

[149] IIZUKA T. Asymmetric information, agency problems, and advertising: Empirical essays on the prescription drug market [D]. University of California, 2001.

[150] RYAN M, BOND C. Dispensing physicians and prescribing pharmacists [J]. Pharmaco Economics, 1994, 5 (1): 8-17.

［151］WAGSTAFF A. Health systems in East Asia：What can developing countries learn from Japan and the Asian Tigers?［J］. Health Economics，2007，16（5）：441-456.

［152］KWON S. Pharmaceutical reform and physician strikes in Korea：Separation of drug prescribing and dispensing［J］. Social Science & Medicine，2003，57（3）：529-538.

［153］CHOU Y. Impact of separating drug prescribing and dispensing on provider behaviour：Taiwan's experience［J］. Health Policy and Planning，2003，18（3）：316-329.

［154］World Health Organization. The People's Republic of China health system review［R］. Manila：Who Regional Office for the Western Pacific，2015.

［155］朱恒鹏. 医疗体制弊端与药品定价扭曲［J］. 中国社会科学，2007，166（4）：89-103.

［156］刘小鲁. 管制、市场结构与中国医药分离的改革绩效［J］. 世界经济，2011（12）：53-75.

［157］封国生，朱恒鹏，付明卫. 北京医药分开改革效果的实证分析［J］. 中华医院管理杂志，2014，30（12）：881-885.

［158］ZHANG H，HU H，WU C，et al. Impact of China's public hospital reform on healthcare expenditures and utilization：A case study in ZJ province［J］. Plos One，2015，10（11）：e0143130.

［159］ZHOU Z，SU Y，CAMPBELL B，et al. The financial impact of the zero-markup policy for essential drugs' on patients in county hospitals in western rural China［J］. Plos One，2015，10（3）：e121630.

［160］TIAN W，YUAN J，YANG D，et al. Descriptive Analysis on the impacts of universal zero-markup drug policy on a Chinese urban tertiary hospital

[J]. Plos One, 2016, 11 (9): e0162795.

[161] 陈醉，宋泽，张川川. 医药分开改革的政策效果——基于医疗保险报销数据的经验分析 [J]. 金融研究，2018 (10): 72-88.

[162] TANG W, XIE J, LU Y, et al. Effects on the medical revenue of comprehensive pricing reform in Chinese urban public hospitals after removing drug markups: Case of Nanjing [J]. Journal of Medical Economics, 2018, 21 (4): 326-339.

[163] FU H, LI L, YIP W. Intended and unintended impacts of price changes for drugs and medical services: Evidence from China [J]. Social Science & Medicine, 2018, 211: 114-122.

[164] SHI X, ZHU D, MAN X, et al. "The biggest reform to China's health system": Did the zero-markup drug policy achieve its goal at traditional Chinese medicines county hospitals? [J]. Health Policy and Planning, 2019, 34 (7): 483-491.

[165] 王俊锋，崔斌，魏霞，等. 北京市医药分开综合改革对服务利用的影响——以缺血性心脏病住院患者为例 [J]. 中国卫生政策研究，2019, 12 (11): 45-52.

[166] ZHU D, SHI X, NICHOLAS S, et al. Impact of China's healthcare price reforms on traditional Chinese medicine public hospitals in Beijing: An interrupted time-series study [J]. BMJ Open, 2019, 9 (8): e029646.

[167] ZENG J, CHEN X, FU H, et al. Short-term and long-term unintended impacts of a pilot reform on Beijing's zero markup drug policy: A propensity score-matched study [J]. BMC Health Services Research, 2019, 19 (1): 916.

[168] LUAN M, SHAO X, DOU F. Financial conditions, health care provision, and patient outcomes: Evidence from Chinese public hospitals [J]. Eco-

nomics Letters, 2020, 186: 108876.

[169] YAN K, YANG C, ZHANG H, et al. Impact of the zero-mark-up drug policy on drug-related expenditures and use in public hospitals, 2016-2018: An interrupted time series study in Shaanxi [J]. BMJ Open, 2020, 10 (11): e037034.

[170] D Q J. Applying management science in developing countries: ABC analysis to plan public drug procurement [J]. Socio-Economic Planning Sciences, 1982, 16 (1): 39-50.

[171] SEIDMAN G, ATUN R. Do changes to supply chains and procurement processes yield cost savings and improve availability of pharmaceuticals, vaccines or health products? A systematic review of evidence from low-income and middle-income countries [J]. BMJ Global Health, 2017, 2 (2): e000243.

[172] ROY CHAUDHURY R, PARAMESWAR R, GUPTA U, et al. Quality medicines for the poor: Experience of the Delhi programme on rational use of drugs [J]. Health Policy and Planning, 2005, 20 (2): 124-136.

[173] HUFF-ROUSSELLE M. The logical underpinnings and benefits of pooled pharmaceutical procurement: A pragmatic role for our public institutions? [J]. Social Science & Medicine, 2012, 75 (9): 1572-1580.

[174] SIGULEM F Z P. E-procurement in the Brazilian healthcare system: The impact of joint drug purchases by a hospital network [J]. Pan American Journal of Public Health, 2009, 26 (5): 429-434.

[175] GILLICK M R. Molecular medicine, the medicare drug benefit, and the need for cost control [J]. Journal of the American Geriatrics Society, 2006, 54 (9): 1442-1446.

[176] GROSSMAN G M, LAI E L C. Parallel imports and price controls

[J]. RAND Journal of Economics, 2008, 39 (2): 378-402.

[177] 李琛，刘艺敏，王文杰，等. 我国药品集中采购工作回顾与展望 [J]. 中国医院管理，2018，38 (9): 17-19.

[178] 傅鸿鹏，陈晓云，张欣，等. 药品集中采购的关键问题和对策分析 [J]. 卫生经济研究，2015 (9): 7-9.

[179] 王强，毛华. 集团采购组织在药品采购中的降价机制与发展阶段的经济学分析 [J]. 中国卫生政策研究，2011，4 (8): 66-70.

[180] HU Q J, SCHWARZ L B. Controversial role of GPOs in Healthcare-Product supply chains [J]. Production and Operations Management, 2011, 20 (1): 1-15.

[181] DYLST P, VULTO A, SIMOENS S. Tendering for outpatient prescription pharmaceuticals: What can be learned from current practices in Europe? [J]. Health Policy, 2011, 101 (2): 146-152.

[182] HUFF-ROUSSELLE M, BURNETT F. Cost containment through pharmaceutical procurement: A Caribbean case study [J]. The International Journal of Health Planning and Management, 1996, 11 (2): 135-157.

[183] ROY CHAUDHURY R, PARAMESWAR R, GUPTA U, et al. Quality medicines for the poor: Experience of the Delhi programme on rational use of drugs [J]. Health Policy and Planning, 2005, 20 (2): 124-136.

[184] AL-ABBADI I, QAWWAS A, JAAFREH M, et al. One-Year assessment of joint procurement of pharmaceuticals in the public health sector in Jordan [J]. Clinical Therapeutics, 2009, 31 (6): 1335-1344.

[185] VANDOROS S, STARGARDT T. Reforms in the Greek pharmaceutical market during the financial crisis [J]. Health Policy, 2013, 109 (1): 1-6.

[186] DANZON P M, MULCAHY A W, TOWSE A K. Pharmaceutical

pricing in emerging markets: Effects of income, competition, and procurement [J]. Health Economics, 2015, 24 (2): 238-252.

[187] KIM S W, SKORDIS-WORRALL J. Can voluntary pooled procurement reduce the price of antiretroviral drugs? A case study of Efavirenz [J]. Health Policy and Planning, 2017: 32 (5): 691-700.

[188] PÉREZ A V, TRUJILLO A J, MEJIA A E, et al. Evaluating the centralized purchasing policy for the treatment of hepatitis C: The Colombian Case [J]. Pharmacology Research & Perspectives, 2019, 7 (6): e00530.

[189] DUBOIS P, LEFOUILI Y, STRAUB S. Pooled procurement of drugs in low and middle income countries [J]. European Economic Review, 2021, 132: 103655.

[190] FERRARESI M, GUCCIARDI G, RIZZO L. Savings from public procurement centralization in the healthcare system [J]. European Journal of Political Economy, 2021, 66: 101963.

[191] MACKAY P. Is PHARMAC's sole-supply tendering policy harming the health of New Zealanders? [J]. The New Zealand Medical Journal (Online), 2005, 118 (1214).

[192] CARRADINHA H. Tendering short-term pricing policies and the impact on patients, governments and the sustainability of the generic medicines industry [J]. Journal of Generic Medicines: The Business Journal for the Generic Medicines Sector, 2009, 6 (4): 351-361.

[193] SOARES C M, NASCIMENTO B, CHAVES L A, et al. Public procurement of medicines: Scoping review of the scientific literature in South America [J]. Journal of Pharmaceutical Policy and Practice, 2019, 12: S.

[194] 刘桂林. 省级集中招标采购降低药价和减轻药费负担的效果研究 [J]. 中国卫生经济, 2012, 31 (6): 23-24.

［195］李亚明，代涛，陈瑶，等. 安徽省药品集中招标采购政策改革效果研究［J］. 中国医院管理，2016，36（4）：11-14.

［196］代涛，陈瑶，白冰. 基本药物集中招标采购政策的实施效果［J］. 中国卫生政策研究，2013，6（4）：19-25.

［197］高丛珊，史宇鹏. 药品集中招标采购政策的实施效果——基于中标企业数量与中标价格的实证分析［J］. 中国卫生政策研究，2015，8（12）：7-13.

［198］郎颖，李林贵. 宁夏农村药品集中招标采购制度实施效果分析［J］. 中国药房，2010，21（24）：2222-2224.

［199］张新鑫，侯文华，申成霖. 集中采购规制下制药企业创新激励与市场绩效研究［J］. 系统工程理论与实践，2017，37（6）：1557-1567.

［200］姜亦晨. 上海市医保药品"带量采购"政策执行问题研究［D］. 华东师范大学，2019.

［201］许光建，苏泠然. 新时代药价形成机制研究［J］. 价格理论与实践，2019（11）：4-10.

［202］TANG M，HE J，CHEN M，et al. "4+7" city drug volume-based purchasing and using pilot program in China and its impact［J］. Drug Discoveries & Therapeutics，2019，13（6）：365-369.

［203］YUAN J，LU Z K，XIONG X，et al. Lowering drug prices and enhancing pharmaceutical affordability：An analysis of the national volume-based procurement（NVBP）effect in China［J］. BMJ Global Health，2021，6（9）：e005519.

［204］JIANG S，CHEN Z，WU T，et al. Collective pharmaceutical procurement in China may have unintended consequences in supply and pricing［J］. Journal of Global Health，2020，10（1）：010314.

［205］WANG N，YANG Y，XU L，et al. Influence of Chinese National

Centralized Drug Procurement on the price of policy – related drugs: An interrupted time series analysis [J]. BMC Public Health, 2021, 21 (1): 1883.

[206] 杨琪，果伟，刘珊珊. 药品带量采购对某医院抗精神病药原研药和仿制药使用情况影响 [J]. 中国医院药学杂志，2021，41 (4)：400-403.

[207] 杨琪，臧彦楠，庄红艳，等. “4+7” 带量采购对某医院 ssri 类抗抑郁药使用的影响 [J]. 中国医院药学杂志，2020，40 (13)：1479-1483.

[208] 李强，刘益清，卓双塔. 某院调血脂药物 “4+7” 带量采购模式 [J]. 中国卫生标准管理，2020，11 (23)：41-43.

[209] 陈志洪，张洲驰. 带量采购下中国药品市场变局——以降血脂药为例 [J]. 价格理论与实践，2019 (12)：19-22.

[210] 申玲玲，吴宪彧，张斌，等. 武汉市胰岛素带量采购情况分析 [J]. 中国医院药学杂志，2021，41 (4)：404-406.

[211] YANG Y, TONG R, YIN S, et al. The impact of “4+7” volume-based drug procurement on the volume, expenditures, and daily costs of antihypertensive drugs in Shenzhen, China: An interrupted time series analysis [J]. BMC Health Services Research, 2021, 21 (1): 265.

[212] 黄小珊，李春秋，潘珍. 国家组织药品集中采购在某三甲医院实行的效果分析 [J]. 今日药学，2020，30 (12)：854-857.

[213] 倪寂，范赟婷，陆卿，等. 某院执行药品带量采购的情况分析 [J]. 中国药师，2020，23 (4)：719-722.

[214] HU Y, CHEN S, QIU F, et al. Will the Volume - Based procurement policy promote pharmaceutical firms' r&d investment in China? An event study approach [J]. International Journal of Environmental Research and Public Health, 2021, 18 (22): 12037.

[215] LAN T, GUAN L, PANG X, et al. Impact of the National Central-

ized Drug Procurement Policy ("4 + 7" policy) on the drug expenditures of patients treated in outpatient and emergency departments in a large tertiary level - a hospital in China: A single centre, interrupted time series [J]. Journal of Clinical Pharmacy and Therapeutics, 2021, 46 (3): 736-744.

[216] CHEN L, YANG Y, LUO M, et al. The impacts of national centralized drug procurement policy on drug utilization and drug expenditures: The case of shenzhen, China [J]. International Journal of Environmental Research and Public Health, 2020, 17 (24): 9415.

[217] YANG Y, CHEN L, KE X, et al. The impacts of Chinese drug volume-based procurement policy on the use of policy-related antibiotic drugs in Shenzhen, 2018-2019: An interrupted time-series analysis [J]. BMC Health Services Research, 2021, 21 (1).

[218] WANG J, YANG Y, XU L, et al. The impact of National Centralized Drug Procurement policy on the use of policy-related original and generic drugs in public medical institutions in China: A difference-in-difference analysis based on national database [EB/OL]. MedRxiv, 2021.

[219] 伍琳，陈永法. 澳大利亚专利药价格谈判管理经验及其对我国的启示 [J]. 价格理论与实践，2017 (3): 89-92.

[220] 丁锦希，陈烨，李伟，等. 专利药国家谈判落实情况分析 [J]. 中国医药工业杂志，2017, 48 (6): 910-917.

[221] 张湛，杨建卫，梁永晴，等. 我国现行药品医保谈判机制运行情况调查研究 [J]. 中国药房，2017, 28 (15): 2023-2028.

[222] TISDELL C. Economic Reform and Openness in China: China's development policies in the last 30 Years [J]. Economic Analysis and Policy, 2009, 39 (2): 271-294.

[223] DONG H, BOGG L, REHNBERG C, et al. Drug policy in China:

Pharmaceutical distribution in rural areas [J]. Social Science & Medicine, 1999, 48 (6): 777-786.

[224] 周学荣. 中国医疗价格的政府管制研究 [M]. 北京：中国社会科学出版社, 2008.

[225] Yu X, Li C, Shi Y, et al. Pharmaceutical supply chain in China: Current issues and implications for health system reform [J]. Health policy, 2010, 97 (1): 8-15.

[226] 包胜勇. 药费为什么这么高：当前我国城市药品流通的社会学分析 [M]. 北京：社会科学文献出版社, 2008.

[227] DU J, XIE J, QIAN Y, et al. Impact of China's zero mark-up drug policy on drug cost of NCDs' outpatients: An interrupted time series analysis [J]. BMC Health Services Research, 2021, 21 (1): 448.

[228] DENG J, TIAN H, GUO Y, et al. A retrospective and prospective assessment of the zero - markup drug reform in China from the perspective of policy diffusion [J]. The International Journal of Health Planning and Management, 2018, 33 (4): e918-e929.

[229] 常峰, 张子蔚. 价格上限规制在药品定价领域的应用 [J]. 中国药物经济学, 2010 (3): 54-59.

[230] LOPEZ BERNAL J, CUMMINS S, GASPARRINI A. Interrupted time series regression for the evaluation of public health interventions: A tutorial [J]. International Journal of Epidemiology, 2017: 46 (1): 348-355.

[231] ABADIE A, DIAMOND A, HAINMUELLER J. Synthetic control methods for comparative case studies: Estimating the effect of California's tobacco control program [J]. Journal of the American Statistical Association, 2010, 105 (490): 493-505.

[232] 张川川, JOHN GILES, 赵耀辉. 新型农村社会养老保险政策效

果评估——收入、贫困、消费、主观福利和劳动供给［J］. 经济学，2015，14（1）：203-230.

［233］YI H，MILLER G，ZHANG L，et al. Intended and unintended consequences of China's zero markup drug policy［J］. Health affairs，2015，34（8）：1391-1398.

［234］BECKERT W，CHRISTENSEN M，COLLYER K. Choice of NHS - funded hospital services in England［J］. The Economic Journal，2012，122（560）：400-417.

［235］MCCONNELL K J，LINDROOTH R C，WHOLEY D R，et al. Modern management practices and hospital admissions［J］. Health Economics，2016，25（4）：470-485.

［236］阳明春，田野，邹武捷，等. 政府管制与取消管制对药品价格的影响研究——以消化类药品为例［J］. 中国卫生政策研究，2018，11（9）：53-58.

［237］颜琰. 基于双重差分模型的国内药品价格改革政策效应评估［J］. 中国卫生经济，2017，36（11）：11-13.

［238］陶李艳，倪天一，肖鑫茹，等. 政府放开药价管制对于药品定价和监管的影响研究［J］. 江苏商论，2018（1）：89-90.

［239］尚兰成，常峰，路云. 药价改革后我国药品价格形势分析——基于我国省际面板数据的实证研究［J］. 卫生经济研究，2019，36（4）：59-63.

［240］CHEN Y，HU S，DONG P，et al. Drug pricing reform in China：Analysis of piloted approaches and potential impact of the reform［J］. Journal of Market Access & Health Policy，2016，4：30458.

［241］OMBAKA E. Current status of medicines procurement［J］. American Journal of Health-System Pharmacy，2009，66（5 Suppl 3）：S20

-S28.

[242] WIRTZ V J, FORSYTHE S, VALENCIA-MENDOZA A, et al. Factors influencing global antiretroviral procurement prices [J]. BMC Public Health, 2009, 9 (Suppl 1): S6.

[243] BALDI S, VANNONI D. The impact of centralization on pharmaceutical procurement prices: The role of institutional quality and corruption [J]. Regional Studies, 2017, 51 (3): 426-438.

[244] KWON H, HONG J, GODMAN B, et al. Price cuts and drug spending in Republic of Korea: The case of antihyperlipidemic agents [J]. Health policy (Amsterdam), 2013, 112 (3): 217-226.

[245] KWON H, BAE S, CHOI S, et al. Easy cuts, easy rebound: Drug expenditures with massive price cuts in Korea [J]. Health policy (Amsterdam), 2019, 123 (4): 388-392.

[246] VONČINA L, STRIZREP T, GODMAN B, et al. Influence of demand-side measures to enhance renin-angiotensin prescribing efficiency in Europe: Implications for the future [J]. Expert Review of Pharmaco Economics & Outcomes Research, 2011, 11 (4): 469-479.

[247] GODMAN B, WETTERMARK B, VAN WOERKOM M, et al. Multiple policies to enhance prescribing efficiency for established medicines in Europe with a particular focus on demand-side measures: Findings and future implications [J]. Frontiers in pharmacology, 2014, 5: 106.

[248] HU S. Essential medicine policy in China: Pros and cons [J]. Journal of Medical Economics, 2013, 16 (2): 289-294.

[249] JOHNSTON J M, GIRTH A M. Government contracts and "managing the market": Exploring the costs of strategic management responses to weak vendor competition [J]. Administration & Society, 2012, 44 (1): 3-29.

[250] ZHANG W, GUH D, SUN H, et al. The impact of price-cap regulations on exit by generic pharmaceutical firms [J]. Medical Care, 2016, 54 (9): 884-890.

[251] FURLOW B. Will drug companies' price-transparency efforts fall short? [J]. Lancet Oncology, 2017, 18 (3): 288.

[252] NGUYEN T A, KNIGHT R, ROUGHEAD E E, et al. Policy options for pharmaceutical pricing and purchasing: Issues for low- and middle-income countries [J]. Health Policy and Planning, 2015, 30 (2): 267-280.

[253] DYLST P, VULTO A, SIMOENS S. Tendering for outpatient prescription pharmaceuticals: What can be learned from current practices in Europe? [J]. Health Policy, 2011, 101 (2): 146-152.

[254] GOTHE H, SCHALL I, SAVERNO K, et al. The impact of generic substitution on health and economic outcomes: A systematic review [J]. Applied Health Economics and Health Policy, 2015, 13 (S1): S21-S33.

[255] HABL C, ANTONY K, ARTS D, et al. Surveying, assessing and analysing the pharmaceutical sector in the 25 EU member states [J]. European Observatory on Health Systems and Policies, 2006.

[256] HERNÁNDEZ-IZQUIERDO C, GONZÁLEZ LÓPEZ-VALCÁRCEL B, MORRIS S, et al. The effect of a change in co-payment on prescription drug demand in a National Health System: The case of 15 drug families by price elasticity of demand [J]. Plos One, 2019, 14 (3): e0213403.

[257] ELLIS R P, MARTINS B, ZHU W. Health care demand elasticities by type of service [J]. Journal of Health Economics, 2017, 55: 232-243.

[258] YAO Y, TANAKA M. Price offers of pharmaceutical procurement in China: Evidence from Guangdong province [J]. The European Journal of Health Economics, 2016, 17 (5): 563-575.